EL PODER DEL AUTOCONTROL DE LA DIABETES TIPO 2

Dra. Julia Escobar Ucles

AUTOCONTROL, PREVENCION DE LAS COMPLICACIONES DE LARGO PLAZO Y TRATAMIENTO DE LA DIABETES TIPO 2

La guía del autocontrol de la diabetes, eliminación de las disparidades de salud para el control de la enfermedad, el tratamiento médico y la variación de los mismos. En este libro encontrará un suplemento adicional de comer saludable con diabetes para mejorar y prevenir sus complicaciones. El autocontrol de la diabetes es basado en la experiencia y en el poder de aprender con exito su autocontrol en el manejo de la enfermedad según el tipo de diabetes y de las etapas de aparición de la diabetes en la vida del individuo. Introduccion a la diabetes y el embarazo y la diabetes en los niños y adolescentes. El contenido ayudará a las familias a entender mejor el proceso de autocontrol, educación y apoyo a todos los individuos y familias con diabetes.

© 2019 Dra. Julia Escobar Ucles. All rights reserved.

No part of this book may be reproduced, stored in a retrieval system, or transmitted by any means without the written permission of the author.

AuthorHouse™
1663 Liberty Drive
Bloomington, IN 47403
www.authorhouse.com
Phone: 1 (800) 839-8640

Because of the dynamic nature of the Internet, any web addresses or links contained in this book may have changed since publication and may no longer be valid. The views expressed in this work are solely those of the author and do not necessarily reflect the views of the publisher, and the publisher hereby disclaims any responsibility for them.

Any people depicted in stock imagery provided by Getty Images are models, and such images are being used for illustrative purposes only.
Certain stock imagery © Getty Images.

El texto Bíblico ha sido tomado de la versión Reina-Valera © 1960 Sociedades Bíblicas en América Latina; © renovado 1988 Sociedades Bíblicas Unidas. Utilizado con permiso. Reina-Valera 1960™ es una marca registrada de la American Bible Society, y puede ser utilizada solamente bajo licencia.

This book is printed on acid-free paper.

ISBN: 978-1-7283-3782-1 (sc)
ISBN: 978-1-7283-3781-4 (e)

Library of Congress Control Number: 2019919649

Print information available on the last page.

Published by AuthorHouse 12/05/2019

authorHOUSE

PROLOGO

El contenido de este libro sobre salud pública comunitaria le da información en la experiencia y la educación en salud a individuos, familias, y grupos acerca del poder de auto control, la prevención de las complicaciones de largo plazo y el tratamiento de la diabetes mellitus tipo 2. No pretende reemplazar el asesoramiento médico profesional ni el reemplazo de las consultas médicas con su doctor, pero promueve eliminar disparidades de salud, mejorar alternativas de salud en la relación médico-paciente y la orientación en el conocimiento de la enfermedad. Este libro le enseña a hacer uso de todos los recursos prácticos y científicos acumulados en la experiencia diaria manejando una enfermedad crónica con o sin sus complicaciones. Esta información y guía le sirve para el auto control en el manejo y tratamiento de la diabetes tipo 2 y para la implementación de los cambios que hace con sus conocimientos adquiridos de llevar una vida saludable y duradera.

Este libro contiene las opiniones e ideas de sus autores y de la experiencia medica de su autor con pacientes diabéticos tipo 2; estas son solamente informativa y con propósitos de educación para la implementación de los cambios de autocontrol de la enfermedad, y no puede ser un sustituto del tratamiento medico profesional. Recuerde que la naturaleza de la condición de salud de su cuerpo es compleja y única para cada individuo. Queda prohibida la reproducción de este libro mediante cualquier medio de comunicación, ya sea electrónico, fotocopia, scan u otros métodos de reproducción. Para la reproducción del libro consulte la Ley de los Derechos de Autor y dirija su consulta a los autores y/o a la editorial de esta publicación.

Queda a criterio del lector el uso de la información de esta presentación. Los autores y la editorial rechazan toda responsabilidad que surja del uso indebido y de la aplicación de este libro, por lo que deberán consultar a su doctor para el control de su enfermedad o a sus autores.

CONTENIDO

PROLOGO iii

AGRADECIMIENTO ix

BIOGRAFIA DEL AUTOR xi

INTRODUCCION xiii

QUE ES LA DIABETES MELLITUS: 1
    TIPOS DE DIABETES: 1
    FACTORES DE RIESGO 1
    ¿QUÉ ES EL AZUCAR EN LA SANGRE? 1
    SINTOMAS DE LA DIABETES: 1
    CAUSAS DE HIPOGLICEMIA: 2
    SINTOMAS DE HIPOGLICEMIA: 2
    TRATAMIENTO DE LA HIPOGLICEMIA O BAJA DE AZUCAR: ... 2
    CAUSAS DE HIPERGLICEMIA: 2
    SINTOMAS DE HIPERGLICEMIA: 2
    CONTROL DE LA HIPERGLICEMIA: 2
    MANEJE EL ABC DE LA DIABETES: 3
    CAUSAS DE LA DIABETES TIPO 1 Y 2: 3
    COMPLICACIONES DE LARGO PLAZO DE LA DIABETES MELLITUS: ... 3
    COMPLICACION METABOLICA DE LA DIABETES MELLITUS ... 6
    COMA DIABETICO: 6

PREVENGA LAS COMPLICACIONES DE LA DIABETES: 6

TRATAMIENTO DE LA DIABETES MELLITUS: 7

EL CONTROL DE LA GLUCOSA EN SANGRE ES PARTE DEL
TRATAMIENTO DE LA DIABETES: 7

IMPORTANCIA DEL EXAMEN DE LA GLUCOSA Y DEL REGISTRO DE LOS RESULTADOS: 7

LA ACTIVIDAD FISICA Y EL EJERCICIO SON PARTE DEL TRATAMIENTO
DE LA DIABETES: 9
    LA ACTIVIDAD FÍSICA: 9
    TIPOS DE ACTIVIDAD FISICA: 9
    EJEMPLOS DE CANTIDADES MODERADAS DE ACTIVIDAD FISICA: ... 9
    EL EJERCICIO: 9

RECOMENDACIONES PARA HACER ACTIVIDAD FISICA Y EJERCICIO: 10
CAMINANDO CON MARCADORES DE PASO: 10

EL MANEJO DEL ESTRES Y DE LA SALUD MENTAL SON PARTE DEL TRATAMIENTO DE LA DIABETES: 10

La conexión entre el estrés y el azúcar en la sangre: 11
Síntomas del estrés: 11
La espiritualidad y la salud mental: 12
Conclusiones de la salud mental con relación a la salud espiritual: 13

LA AROMATERAPIA COMO COADYUVANTE ALTERNATIVO EN EL MANEJO DEL ESTRÉS Y ESTADOS EMOCIONALES. 14

LA MEDICINA O TERAPIA FARMACOLOGICA ES PARTE DEL TRATAMIENTO DE LA DIABETES: 15

CONSIDERACIONES ACERCA DEL TRATAMIENTO MEDICO DE LA DIABETES: 15
FASES DE TRATAMIENTO: 15
MONOTERAPIA CON UNA TABLETA ORAL: 16
TRATAMIENTO COMBINADO CON DOS TABLETAS ORALES: 17
TRATAMIENTO COMBINADO CON TABLETAS ORALES Y LA INSULINA: 17
TRATAMIENTO SOLO CON LA INSULINA: 17
TIPOS DE INSULINA: 17
ESQUEMA ADICIONAL DEL USO DE LA INSULINA: 18
BOMBA DE INSULINA: 18

EL PLAN DE NUTRICION O DIETA BAJA EN CARBOHIDRATOS SON PARTE DEL TRATAMIENTO DE LA DIABETES: 18

RECOMENDACIONES: 19

GRUPOS DE ALIMENTOS QUE PUEDEN SER SUBTITUIDOS UNOS POR OTROS: 20

LOS CARBOHIDRATOS SE MIDEN EN GRAMOS PARA OBTENER LAS PORCIONES. 20

CONOZCA Y APRENDA A USAR LOS CARBOHIDRATOS SEGÚN SU INDICE GLICEMICO: 21

LISTA DE ALMIDONES: 21

DIABETES GESTACIONAL 27

Formas de diagnóstico de la diabetes gestacional: 27
Efectos de la diabetes gestacional en la madre: 27
Efectos de la diabetes gestacional en el bebé: 28
Efectos de la diabetes tipo I en la madre: 28
TRATAMIENTO DE LA DIABETES GESTACIONAL: 28
Tratamiento para la hipoglicemia: 30
DIABETES MELLITUS EN NIÑOS Y ADOLESCENTES 31
Importancia de la Educación en Niños con Diabetes: 31
Retos del cuidado y manejo de un niño con diabetes: 31
Retos del cuidado y manejo de los adolescentes: 32

LA DIABETES TIPO 1 Y 2 EN LOS NIÑOS Y ADOLESCENTES: 32

Factores de Riesgo de la Diabetes Tipo 1: 32
Factores de Riesgo de la Diabetes Tipo 2: 33
CAUSAS DE LA DIABETES TIPO 1 Y 2: 33
Síntomas de la Diabetes Tipo 1 y 2: 33
Pruebas para Determinar la Presencia de Cetonas en la Orina: 33
Prueba del Nivel de Glucosa en Sangre: 33
VALORES DESEADOS PARA UN BUEN CONTROL DE AZUCAR EN LA SANGRE: 34
Como se realiza la prueba de glucosa en sangre: 34
La diabetes y el control del nivel de azúcar en la sangre: 34
Baja de Azúcar en la Sangre también llamada Reacción a la Insulina: 34

HIPOGLICEMIA LEVE: 35

MODERADA: HIPOGLICEMIA 35

HIPOGLICEMIA SEVERA: 35
CETONURIA Y ACIDOSIS DIABETICA: 36
CONSIDERACIONES QUE DEBE TENER ACERCA DEL TRATAMIENTO DE LA CETOACIDOSIS DIABETICA: 37
TRATAMIENTO CON INSULINA EN NIÑOS Y ADOLESCENTES: 37
LAS COMPLICACIONES A LARGO PLAZO DE LA DIABETES EN NIÑOS Y ADOLESCENTES: 37

DESCUBRA SUS ABILIDADES DE PREPARAR SU PLAN DE COMIDAS PARA CONTROLAR LA DIABETES Y SUS COMPLICACIONES 38

APRENDA A COMER SALUDABLE Y MANTENGASE ACTIVO PARA CONTROLAR SU DIABETES. 39

MI DIARIO Y MI META 41

7 DIAS DE EJEMPLO DE MENU PARA CONTAR LAS PORCIONES DE CARBOHIDRATOS . 44

TERAPIA CELULAR VEGETAL Y TERMOREGULADORA DEL ORGANISMO COMO PARTE DE SU CONOCIMIENTO EN EL PLAN DE NUTRICION. 48

RECOMENDACIONES PARA INICIAR SU TERAPIA DE JUGO CELULAR VEGETAL Y TERMOREGULADORA DEL ORGANISMO 52

LISTA DE LOS VEGETALES Y FRUTAS QUE MÁS VA A USAR: 53

VINAGRETAS PARA PREPARAR EN CASA 60

BIBLIOGRAFIA REVISADA 82

AGRADECIMIENTO

Con amor agradezco el apoyo de mis hijos, de mis amigos y de pacientes que me motivaron a dar mi experiencia en el manejo, el autocontrol y la prevención de la diabetes para que sea de beneficio de todos aquellos que necesitan aprender a prevenir o controlar la enfermedad. Quiero agradecer especialmente a los que lograron poner sus esfuerzos en la recopilación de mi experiencia por su inagotable paciencia y su deseo de colaborar en todo lo posible y por brindarme el apoyo durante largas noches, fines de semanas y años trabajados en este proyecto.

Agradezco a mi Padre Celestial por la fuente de luz y de toda vida en el ser humano; y por todo el apoyo y la sabiduria que me ha brindado para realizar este proyecto. Gracias por darme la responsabilidad de ayudar con mi experiencia y mis conocimientos a otras personas que puedan descubrir por si mismos y mantener un camino de vida saludable. Gracias Jesucristo por tu amor y tus bendiciones para mí.

Agradezco a todas las familias que con dedicación y esfuerzos demostraron que si se pueden hacer cambios en un estilo de vida con diabetes y que los niños pueden aprender desde muy temprana edad a vivir una vida saludable y plena. Agradezco a todas aquellas personas que colaboraran en la realización de este proyecto y que su aporte fuera necesario para hacer llegar la información correcta de ciertos aspectos en el contenido social de este libro. Al Licenciado Luis Lautaro Ruiz Mendoza, por el aporte cultural y de medios de comunicación. A la Licenciada Johana Calero por su aportede en su presentación inicial. A Ingrid Kiesler graduada en Artes Culinaria por su aporte en aspecto de manejo de alimentos, usos e introducción de alimentos en el diabético y comer saludable.

Mantega una sonrisa en su rostro: "El corazón alegre constituye buen remedio, más el espíritu triste seca los huesos". Proverbios 17:22

BIOGRAFIA DEL AUTOR

Un breve mensaje a mis lectores acerca de mi interés de dar a conocer mi experiencia médica en Salud Pública Comunitaria enfocada en las enfermedades crónicas especialmente la diabetes tipo 2, en las complicaciones de largo plazo de la diabetes y en el síndrome metabólico X. He trabajado por más de 30 años manejando y previniendo las complicaciones de la diabetes tipo 2 que padezco, también como médico y jefe de programas de proyectos de salud pública en los USA por más de 14 años y en Nicaragua por más de 5 años en la diabetes y complicaciones, aparte de mi experiencia profesional como médico especialista. Por las características de las personas que yo trabajo es de mi interés y de salud pública convencer a las personas a hacer cambios en su vida para prevenir enfermedades, controlar sus enfermedades, y enseñarles como ellos pueden mejorar en el conocimiento de su salud, sus sentimientos, fe y esperanzas para vivir una vida plena.

Las familias de bajos y medianos recursos son los más afectados al momento de obtener calidad de servicios de salud pública y de otros servicios de los que son asegurados en nuestra sociedad. Cuando nosotros educamos y proveemos servicios médicos a las personas estamos también dando alternativas médicas para tener una vida saludable. No es fácil convencer a las personas que se encuentran en estado de desesperanza y en la que su fe se ha perdido; en aquellas personas que pueden mejorar su calidad y expectativa de vida de los años que seguirán viviendo y a aquellos en que los problemas socio económico les limita el acceso a los cuidados de salud. En mi experiencia, en particular, creo que las personas necesitan ser entrenadas en la vida para sobrevivir a las adversidades de la vida misma y al medio ambiente en que se vive para enfrentar una enfermedad crónica.

Las personas responden cuando ellas participan en su interés y su beneficio para tener una vida saludable y feliz. Los líderes de salud pública comunitaria son las únicas personas que están bien entrenadas para tener la capacidad de tratar con los derechos y necesidades de una comunidad asi también los equipos de salud involucrados en la atención primaria y directa con los enfermos. Ellos tienen la visión y misión de implementar, ejecutar y trabajar con las pólizas de salud para tener una comunidad saludable. He tenido la oportunidad de conocer y trabajar en la salud de las personas de diferentes países, culturas, pensamientos, comportamientos y de diferentes sistemas sociales que me hacen entender el proceso de los derechos humanos en lo que a calidad y expectativa de vida se refiere. Todos los comportamientos sociales y de salud del ser humano son iguales, las personas nacen con derechos y ellos se merecen ser tratados con dignidad y respeto. Eliminar las disparidades de salud entrenando a las personas en el manejo de su salud y a los profesionales a hacer cambios en el estilo de vida de las personas y; asegurar la calidad de salud a todas las personas es el punto principal a la hora de tratar con un paciente con enfermedad crónica.

La autora es médico y cirujano graduada de la Universidad de La Habana, Cuba en 1986 e incorporada a la Universidad Nacional Autónoma de Nicaragua donde inicia su experiencia laboral durante su servicio social en 1986 en salud pública militar, planeando, implementando, administrando y coordinando la prevención, el control y manejo de las enfermedades del adulto, control y manejo de la salud física a los militares. Control y calidad de alimentación y riesgo epidemiológico. La autora es graduada en la especialidad de ginecología y obstetricia en 1991 en la Universidad Nacional Autónoma de Nicaragua en Managua y continúa su experiencia en la práctica de la medicina privada en sus clínicas y Jefe de los

Servicios de Ginecología y Obstetricia en el Hospital Germán Pomares en Juigalpa Chontales y en el Hospital Luis Felipe Moncada en San Carlos, Rio San Juan.

Desde el año 2003, la autora ha continuado ampliando su experiencia y estudios en salud pública comunitaria en enfermedades crónicas a través del departamento de salud pública del estado de Nebraska y de su interés personal en USA y recientemente en Nicaragua. Ha sido coordinadora de proyectos para la salud de las minorías y educador de salud bilingüe en Salud Pública Comunitaria con amplia experiencia en el auto control de la diabetes y enfermedades crónicas relacionadas a ella.

La autora es graduada de la Universidad de Nebraska en Omaha en Liderazgo en Salud Pública en el año 2010. Ademas, de haber recibido otros entrenamientos en el departamento de salud entre ellos el manejo de múltiples programas, la autora tiene conocimiento y está familiarizada con las guías estándares de educación y promoción de salud pública de la Organización Mundial de la Salud, el Centro de Control y Prevencion de Enfermedades del Departamento de Salud y Servicios Humanos de USA y del Sistema Único de Salud Pública de Nicaragua.

Tiene varios reconocimientos de sus trabajos realizados en la comunidad otorgados por el Departamento de Salud y la Oficina de Salud de las Minorías del Estado de Nebraska y de la Universidad de Lincoln Nebraska en la evaluación y el abordaje de las comunidades del noreste de Nebraska en la implementación y ejecución del modelo estándar del manejo y autocontrol de la diabetes en las minorías. Reconocimiento otorgado por la Sociedad Medica de Esteli, Nicaragua durante su participación del XV Congreso Médico con su exposición sobre Acanthosis Nigrican un alto riesgo para el desarrollo de la diabetes mellitus.

INTRODUCCION

Este libro es una guía basada en la práctica diaria - escrito en un lenguaje sencillo en el que usted será capaz de comprender fácilmente cómo debe usarlo todos los días de su vida para controlar la diabetes mellitus tipo 2. En las primeras páginas se encontrará con toda una información introductoria que le ayudarán a entender el tema amplio de la diabetes y de las enfermedades relacionadas a ellas.

En el libro se comparten experiencias y manejo médico por la autora; el desarrollo y la convivencia con una enfermedad crónica íntimamente relacionada a otras enfermedades crónicas que ponen en riesgo la vida de la persona que las padece. Se comparten experiencias para que por medio del libro usted logre fácilmente lo que a todas aquellas personas con este tipo de enfermedad crónica les ha costado tanto aprender sobre manejar la diabetes y poder llevar una vida saludable.

Esta presentación básica de autocontrol y prevención de las complicaciones de largo plazo de la diabetes está relacionado a más de treinta años de manejar la diabetes tipo 2 que padezco y al reto que ha sido para mí y mi familia de apoyarme en controlar la diabetes; a mi experiencia como médico en la investigación del manejo y la prevención de las complicaciones de la diabetes; a los diez y siete años de mi experiencia trabajando con familias de diferentes etnias o razas en riesgo de desarrollar diabetes y con personas padeciendo la diabetes y las complicaciones relacionadas a la diabetes tipo 2, el sobrepeso, la obesidad, las enfermedades cardiovasculares, y la diabetes y embarazo. En ellos se implementaron y ejecutaron un modelo estándar de manejo, autocontrol y prevención de las enfermedades crónicas relacionadas a la diabetes y enfermedad cardiovascular siguiendo las guías de salud del departamento de salud de los Estados Unidos de Norteamérica, del Centro de Control de las Enfermedades (CDC) y de Salud Publica de Nicaragua, la experiencia profesional de la autora tanto de sus pacientes como de ella misma.

Aquí encontrará suficiente información que le enseñará a comer y escoger una variedad de alimentos saludables para su control, diferentes técnicas en el ejercicio diario y en la actividad física para crear un balance entre el efecto de la dieta baja en carbohidratos y el tratamiento. Usted aprenderá a seleccionar alimentos naturales frescos, no procesados y alimentos ricos en antioxidantes que son importantes para obtener energía y mejor funcionamiento del metabolismo. Es importante saber que alimentos debe evitar siempre que sea posible ya que algunos de los alimentos más sabrosos son en realidad algunos de los peores en cuanto a los efectos de grasas, carbohidratos, azucares y de químicos que contienen y que afectan a largo plazo a su cuerpo. En este libro no hay planes que no pueda hacer, o implementar, o que afecten sus condiciones de salud o el abandono de las mismas; con el conocimiento adquirido usted comenzará a ver y sentir en su cuerpo, mente y espíritu los cambios de vivir un estilo de vida saludable. Adjunto incluimos un suplemento sobre mi libro de cocina incluyendo una guía para implementarla en la vida diaria, algunos conceptos de comer saludable y una guía menú de cómo contar los carbohidratos en cada tiempo de comida donde aprenderá a sustituir esos alimentos de los diferentes grupos de alimentos, además encontrará el método de terapia nutricional celular vegetal y termorreguladora del organismo, para que sirve y como usarlo.

El haber trabajado con diferentes culturas y etnias me ha permitido tener una experiencia muy grande en lo que a costumbres, hábitos, creencias y patrones familiares se refiere. En todas ellas hay un factor importante que son las creencias, la fe, la divinidad y los milagros. En las páginas siguientes encontrará el manejo del estrés y la salud mental como parte del tratamiento de una enfermedad crónica, actualmente abordado este tema por los milagros y sanidad del cristianismo y otros por los psicólogos y psiquiatras. Lo que usted aprenda en las páginas relacionadas a este tema fue primero probado en mi propia vida personal ya que en las décadas pasadas fueron probadas por otras personas en condiciones de salud similar. Este proceso de sanidad y milagros trabaja en aquellas personas que quieren hacerlo y no hay excepción y que también están preparadas para entender la ciencia de la medicina y de sus creencias.

¿Cuántas veces usted perdió la fe debido a la desesperanza, el dolor, la soledad, la culpa, la vergüenza, y otros factores tóxicos en su salud mental y su cuerpo? Puede ser que sutilmente se sienta cansado de la vida espiritual que usted profesa, de las actividades que participa y que no encuentra en ella la respuesta a sus problemas emocionales de salud y de su espíritu. Cualquier cosa que pase con relación a su vulnerabilidad le dejará un vacío que no le satisfice nada y a la limitación en la falta de coraje de controlar todo el ciclo de la vida en su persona influenciada por otras personas cuando su respuesta a estas preguntas solo están en su persona. Esta experiencia también es aprendida para poder controlar el estrés, la salud mental y espiritual que son relacionadas a todo el desbalance en el control de las enfermedades. Este tema le enseñará a descubrir los secretos de la realidad de Dios en su vida. Me refiero a este tema por las características de nuestra cultura y de la cual para muchos ha sido beneficiosa, pero para otros no y ha influido en la parte de toma de decisiones y de su salud mental. La manipulación de los sentimientos de la fe espiritual de las personas a llevado a muchos a confusión en lo que a milagros se refiere y al control científico de la salud; la persona con enfermedad crónica no tiene una decisión certera de la vida saludable que puede aprender a manejarla con el auto control de la enfermedad por medio del conocimiento de la misma y el trabajo científico en equipo.

Algunas investigaciones científicas indican que el enojo crónico y la hostilidad de hecho lo llevan a una muerte temprana; el cuerpo humano está equipado de un sistema de protección de acción de emergencia en situaciones de peligro liberando hormonas que controlan el estrés pero que alteran la función del sistema inmune, endocrino, cardiovascular, nervioso y el metabolismo. Finalmente, he agregado un tema de actualidad de aromaterapia en el control de enfermedades debido al uso que tiene en el medio ambiente y a la absorción de los aromas en la piel, la circulación y la mente. La aromaterapia es la práctica de utilizar los aceites naturales extraídos de las flores, cortezas, tallos, hojas, raíces u otras partes de una planta para mejorar el bienestar psicológico y físico y ha sido ampliamente presentada por la medicina natural.

Usted encontrará toda la guía del autocontrol de la diabetes, el tratamiento médico, la variación de los mismos y las vías de control de la enfermedad, un suplemento adicional del libro de comer saludable según la enfermedad a tratar incluyendo sus complicaciones, información sobre la diabetes y el embarazo, y de la diabetes en los niños y adolescentes, esta información ayudará a los padres y familias a entender mejor el proceso de autocontrol, educación y apoyo a los niños y adolescentes con diabetes.

Edúquese a sí mismo y a sus seres queridos AHORA, la medicina convencional tiende a pasar por alto la importancia de la mente y su papel en la curación del cuerpo; aunque en la actualidad se esta implementando la salud mental como parte de las enfermedades del ser humano. El hombre también tiende a enfocarse en el cuerpo al tomar medicamentos para aliviar el dolor o por la ingestión de alimentos para satisfacer o saciar el deseo excesivo de comer debido a la influencia del "hambre hormonal", ambos de los cuales pueden ser impulsados por emociones como la depresión. Por lo tanto, hay factores psicológicos y psicosociales que pueden ejercer una gran influencia en el control bioquímico de la glucosa en los pacientes diabéticos. Estos factores han demostrado aumentar el riesgo de mal control glucémico, "diabetes inestable", y de la cetoacidosis diabética.

El 20 de noviembre de 2006, la Asamblea General de las Naciones Unidas aprobó la Resolución 61/225 sobre la diabetes. Esta resolución reconoce la diabetes de ser una enfermedad crónica debilitante y costosa que tiene graves complicaciones, y que conlleva a grandes riesgos para las familias en el mundo entero. La resolución 61/225 designa el 14 de noviembre Día Mundial de la Diabetes, y la agenda para la lucha contra la diabetes. Es la primera vez que se reconoce que una enfermedad no contagiosa representa una grave amenaza para la salud mundial. En sus estadísticas para esa fecha existen 250 millones de personas con diabetes en el mundo, 70,000 niños desarrollan diabetes cada año es decir casi 200,000 por día; datos que en la actualidad se han elevado.

El día mundial de la diabetes es el 14 de noviembre en memoria del nacimiento de Federick Banting quien junto con Charles Best fueron los descubridores de la insulina. En 1991 fue reconocido el día mundial de la diabetes por iniciativa de la Federación Internacional de Diabetes (FID) y de la Organización Mundial de la Salud (OMS). En el año de 1922, Frederick Banting administró la primera inyección de insulina a Leonard Thompson, un joven de 14 años diagnosticado con diabetes mellitus en el Hospital General de Toronto, Canadá. En el año de 1923, Federick Banting and Charles Best obtuvieron el Premio Nobel por el descubrimiento de la insulina y su aporte a la medicina y a la fisiología humana.

En todo el continente americano se estiman que 35 millones de personas padecen de diabetes, y solo en Latino América y el Caribe 19 millones (54%) padecen la enfermedad. La diabetes es causa de muerte o deshabilidad en la persona que la padece. Por ejemplo, se calcula que en Nicaragua existen aproximadamente 370,000 personas registradas con diabetes y estos datos pueden ascender a las 500,000 personas. La diabetes es la 4ta causa de muerte (11.3%) de los egresados de los hospitales de Nicaragua. Los departamentos con registros del Ministerio de Salud más afectados por la diabetes son: Managua 32.6%, León 10%, Chinandega 9.1%, Masaya 6.8%, Granada 5.6%, Estelí 5.1%, Carazo 4.4% (Según informe de la Política Nacional de Salud 2004 – 2005 MINSA). La primera causa de muerte hospitalaria en el Sistema de Salud Pública de Nicaragua es el ataque cardíaco 16% y le siguen el ataque cerebral 15.4%. Estas causas de muerte también pudieran estar relacionadas a las complicaciones de largo plazo de la diabetes. En Nicaragua no existen datos del costo total hospitalario y de atención de salud por el Ministerio de Salud Pública para cada persona con diabetes, ni existen datos del costo de la enfermedad por cada persona con diabetes al controlar su enfermedad.

Los educadores de salud de diabetes y de enfermedades crónicas son el mejor aliado en el manejo de la diabetes; ellos son profesionales médicos, enfermeras, nutricionistas, trabajadores sociales, promotores de salud especializados en el manejo y control de la diabetes. Ellos le enseñarán a tener un balance entre el tipo de alimentación, el ejercicio, la medicación y el control de rutina de la glucosa en sangre. Ellos le enseñarán a incorporar un estilo de vida de acuerdo a sus necesidades para la prevención o demorar la aparición de las enfermedades crónicas relacionadas. Aprender a controlar una enfermedad crónica con complicaciones de otras enfermedades crónicas le ayuda a disminuir los costos de salud reduciendo las necesidades de ser hospitalizado al desarrollar estrategias saludables y habilidades en resolver su problema de salud.

En mi experiencia antes de hablar de diabetes mellitus hablaremos del largo camino que es lento y peligroso en la evolución a la diabetes y en el cual aparecen diferentes etapas de alerta para la prevención o demorar la evolución de la enfermedad. Estas etapas son el comienzo silencioso o súbito de un camino difícil de recorrer una vez que la enfermedad se ha establecido. De esto se deriva que el proveedor de salud y la educación en salud a la población son de extrema importancia para identificar los factores de riesgo que pueden llevar a una enfermedad crónica que limita la vida del individuo, lo deshabilita o lo lleva a la muerte. La salud mental y espiritual tienen un factor importante en el control de las enfermedades crónicas por lo que se hace necesario también manejar esa parte de la condición del individuo y del impacto que tienen estas enfermedades crónicas tanto individual, familiar como social.

Inicialmente, la diabetes tipo 2 se desarrolla en todos aquellos que están en sobrepeso y en los obesos con marcados cambios en el metabolismo de la glucosa en sangre, aunque se a encontrado a personas de bajo peso debido también al metabolismo de la glucosa. Las siguientes etapas de la evolución de la diabetes tipo 2 se desarrollan con resistencia a la insulina e hiperinsulinemia, la producción de insulina por el páncreas es muy baja o no la produce o el cuerpo no la puede utilizar. Al no detectar estos cambios sigue una etapa de resistencia a la insulina con hiperinsulinemia, es decir, producción excesiva de insulina por el páncreas, de no controlarse o tratarse este proceso se desarrollará la resistencia a la insulina con hiperinsulinemia e hipoglicemia reactiva es decir periodos con bajas de azúcar en la sangre.

En esta etapa la enfermedad sigue evolucionando a un estado de resistencia a la insulina e hiperinsulinemia con trastornos en la tolerancia a la glucosa llamado actualmente estado de prediabetes que cursará con periodos de altas y bajas de azúcar que tiende a confundir a la persona o al proveedor de salud por haber encontrado en uno de los exámenes de azúcar valores normales y en otros valores anormales de glucosa en sangre. Todas estas etapas son controladas o tratadas con medidas preventivas haciendo cambios en el estilo de vida de la persona, una alimentación saludable, un plan de actividad física o de ejercicio combinado, el manejo de la salud mental, eliminar otros factores de riesgo y en algunos casos tratamiento indicado por el doctor.

Las siguientes etapas de la evolución de la diabetes tipo 2 se desarrollan con resistencia a la insulina e hiperinsulinemia, la producción de insulina por el páncreas es muy baja o no la produce o el cuerpo no la puede utilizar. A este proceso de evolución de la diabetes mellitus también van acompañados de otros factores que pueden desarrollar diabetes, presión arterial alta y enfermedades de las arterias coronarias del corazón; el conjunto de todos estos factores es llamado Síndrome Metabólico X y si usted no hace nada por controlar esta descompensación de salud es casi seguro que terminará con una enfermedad que pondrá en riesgo su vida como es una enfermedad crónica y sus complicaciones.

El Síndrome Metabólico X para su diagnóstico se caracteriza por la presencia de tres o más de los siguientes componentes: aumento de la circunferencia de la cintura; en el hombre será mayor o igual a 40 pulgadas (102 cms) y en la mujer mayor o igual a 35 pulgadas (88 cms); aumento de los triglicéridos o grasas en sangre mayor o igual de 150 mg/dL, disminución del colesterol llamado bueno (HDL); en el hombre menos de 40 mg/dL y en la mujer menos de 50 mg/dL; aumento de la presión arterial mayor o igual de 130/85 mm/Hg; aumento de la glucosa en sangre en ayunas mayor o igual que 100 mg/dL. El médico también debe considerar otros factores de laboratorio para el diagnóstico del Síndrome Metabólico fibrinógeno elevado, insulina en plasma elevado, proteína C reactiva elevada, prueba de intolerancia a la glucosa elevada, hemoglobina A1C mayor o igual al 6%.

La acanthosis nigricans o resistencia a la insulina también presenta signos de alerta algunas veces visibles en el cuerpo de la persona que lo está padeciendo, otros son signos ya de alteración de una posible evolución a estados de prediabetes o diabetes identificados al examinar a la persona. Es frecuente encontrar marcas oscuras en la piel localizadas en la nuca, las axilas, los pliegues de los dedos de las manos, en la areola de las mamas, el ombligo, alrededor de los genitales, alrededor de los ojos, en las rodillas, los codos y algunas marcas oscuras en la cara que se confunden con el cloasma. Reconocer estas manchas oscuras en la piel indican altos niveles de insulina en la sangre y es importante porque identifican a las personas que están en riesgo de tener diabetes tipo 2, también está relacionada a la obesidad, presión arterial alta, colesterol alto y triglicéridos altos, trastornos hormonales en la mujer como el hirsutismo, acné, síndrome de ovario poliquístico, amenorrea e infertilidad, en el hombre con trastornos de la próstata.

QUE ES LA DIABETES MELLITUS:

> La diabetes es una enfermedad no curable que aparece cuando el cuerpo no puede utilizar la energía de los alimentos que usted come.

TIPOS DE DIABETES:

Diabetes tipo 1 ó Juvenil; el páncreas produce poca o no insulina.
Diabetes tipo 2 ó del Adulto; el páncreas produce insulina, pero las células del cuerpo no la pueden usar.
Diabetes del Embarazo; ocurre solamente en el embarazo entre las 24 y 28 semanas de gestación.
Otras formas de diabetes de origen diferente que no son parte de esta presentación.

FACTORES DE RIESGO

DIABETES TIPO 1:	DIABETES TIPO 2:
Historia familiar de diabetes tipo 1.	Historia familiar de diabetes tipo 2.
Problemas en el sistema inmunológico que destruye las células que producen insulina en el páncreas.	Ser mayor de 40 años de edad, aunque en la actualidad debido al sobrepeso u obesidad la diabetes tipo 2 se presenta a más temprana edad incluyendo niños.
Llamada diabetes juvenil.	Tener sobrepeso u obesidad.
	Hipertensión arterial.

¿QUÉ ES EL AZUCAR EN LA SANGRE?

El azúcar en la sangre es la que provee energía al cuerpo y proviene de los alimentos; los diabéticos necesitan mantener su azúcar en la sangre en valores normales de 70 – 100 mg/dl antes de las comidas, y después de las comidas entre 100-170 mg/dl. Si el azúcar en la sangre baja de los niveles normales 70 mg/dl usted podría estar en una baja de azúcar en la sangre conocida cómo hipoglicemia; y si el azúcar en la sangre en los diabéticos aumenta por encima de los valores normales 120mg/dl usted podría tener azúcar alta en la sangre conocida como hiperglicemia. Las personas saludables deben de tener valores normales de glucosa en sangre de 70 a 100 mg/dl.

SINTOMAS DE LA DIABETES:

SINTOMAS DE LA DIABETES TIPO 1:	SINTOMAS DE LA DIABETES TIPO2:
Excesiva hambre, excesiva sed y orina con frecuencia.	Excesiva hambre, excesiva sed y orina con frecuencia.
Pérdida inexplicable de peso.	Fatiga o bajo nivel de energía.
Aparición súbita.	Adormecimiento u hormigueo en las manos o los pies.
Usualmente es controlada con insulina, dieta y ejercicio.	Infecciones frecuentes en la piel, las encías, la vagina o la vejiga
	Visión borrosa.
	Picor y sequedad de la piel. Las cortaduras y lesiones superficiales en la piel tardan en curarse.
	Problemas de disfunción sexual.

CAUSAS DE HIPOGLICEMIA:

Hacer más ejercicio de lo habitual. Tomar dosis altas de medicamentos para diabético. Comer en diferente hora para el tipo de medicamento que está tomando. No comer alimentos cuando se supone que debe hacerlo. Ingerir bebida alcohólica.

SINTOMAS DE HIPOGLICEMIA:

Enojo, irritabilidad, mal humor; se siente tembloroso con palpitaciones; se pone frío y sudoroso. La visión borrosa, dolor de cabeza y fatiga. Desmayos o pérdida del conocimiento.

TRATAMIENTO DE LA HIPOGLICEMIA O BAJA DE AZUCAR:

Ingiera una porción de alimento conteniendo azúcar de acción rápida:
Puede tomar ½ taza de jugo natural de frutas ó; 1 taza de frutas ó; 3 tabletas de glucosa (4mg cada tableta). Chequee la glucosa en sangre 15 minutos después y, si aún está baja repita otra porción; puede tomar 1 rebanada de pan ó 1 taza de jugo natural de frutas, ó 1 taza de frutas.
En caso de pérdida del conocimiento llevarlo con el doctor o a emergencia. Si tiene glucagon y el familiar ha sido entrenado para aplicarlo debe usarlo según lo recetó el médico.
Alternativa: Hable con su médico para prevenir la hipoglicemia; y que le proporcione una guía de productos para controlar las bajas de azúcar. No consuma productos elaborados con químicos prefiera o prepare productos naturales.

CAUSAS DE HIPERGLICEMIA:

Estrés emocional. Comer alimentos que tienen alto contenido de azúcar. No tomar los medicamentos. Inactividad física o hacer poco ejercicio. No tomar el medicamento adecuado para la diabetes. Insuficiente dosis de insulina o tabletas para controlar la diabetes. Tener estrés físico e infecciones.

SINTOMAS DE HIPERGLICEMIA:

Pueden ocurrir en horas o pueden desarrollarse en el transcurso de varios días.
Tener altos niveles de azúcar en sangre (más de 200 mg/dL) por más de dos días consecutivos.
Cansancio, fatiga, sed, orina con frecuencia, dolor en el abdomen, malestar en el estómago y vómitos.

CONTROL DE LA HIPERGLICEMIA:

No deje de tomar el tratamiento sin antes hablar con su doctor.
Chequee el nivel de azúcar cada 4 horas y chequee con pruebas de sangre u orina para cetonas cada 4 horas. Tomar abundantes líquidos sin azúcar para prevenir la deshidratación.
Tenga una dieta baja en carbohidratos y controle la ingesta de proteínas.
Llame a su médico o ir a la emergencia si sus niveles de azúcar permanecen o continúan aumentando por encima de 240 mg/dL por más de dos días consecutivos.

MANEJE EL ABC DE LA DIABETES:

A: Es por la hemoglobina A1C. Esta prueba mide el promedio de glucosa en sangre durante los últimos 3 meses. Predice el control o desarrollo de las complicaciones. La meta en personas con diabetes esA1C menor de 6 %.

B: Es por buena presión arterial. La presión arterial aumenta las probabilidades de desarrollar complicaciones cardiovasculares. La meta es mantener la presión arterial sanguínea menos de 130/80.

C: El examen de colesterol mide el nivel de grasas buenas y malas en la sangre. Mide el riesgo de sufrir un ataque cardíaco o cerebral por complicación de enfermedad cardiovascular y de diabetes.

El colesterol se deposita en las paredes y la luz de las arterias causando un estrechamiento de los vasos sanguíneos, disminuyendo el flujo de sangre y de oxígeno a los órganos del cuerpo.

> **Niveles deseados del colesterol:**
> Colesterol total: por debajo de 200 mg/dL
> Colesterol HDL (bueno): a) hombres: mayor de 40 mg/dL b) Mujeres: mayor de 50 mg/dL
> Colesterol LDL (malo): menor de 100 mg/dL
> Triglicéridos: menor de 150 mg/dL

CAUSAS DE LA DIABETES TIPO 1 Y 2:

1. Causa debida a la resistencia de las células del cuerpo a la insulina que produce el páncreas al bloquear los canales de sensitividad de la insulina para convertir la glucosa en energía para la célula.
2. Causa por un déficit o disminución en la producción de insulina por las células de los islotes de Langerhans del páncreas.
3. Las células del páncreas ya no producen insulina.
4. La diabetes mellitus tipo I se debe a la destrucción de las células o islotes de Langerhans del páncreas, este ya no puede producir la insulina para convertir la glucosa en sangre en energía para la célula.

COMPLICACIONES DE LARGO PLAZO DE LA DIABETES MELLITUS:

Las complicaciones de largo plazo de la diabetes aparecen en el transcurso de varios años de evolución de la enfermedad, muchas de ellas son prevenibles y otras son propias del desgaste físico del cuerpo como consecuencias de ser una enfermedad crónica que una vez iniciada en el cuerpo llega hasta el final de su vida. Estas complicaciones dependen del control y manejo que usted tiene sobre la enfermedad.

Enfermedades oculares y/o ceguera: Generalmente no se detecta ningún síntoma hasta que la enfermedad ha alcanzado una gravedad considerable. Los niveles altos de glucosa provocan cambios en los vasos sanguíneos de la parte posterior de los ojos dañando los vasos de la retina y causar retinopatía diabética, puede empañar el cristalino y producir cataratas, puede en algunos casos aumentar la presión del líquido dentro del ojo, producir daño al nervio óptico y causar glaucoma, desgarro de la retina y ceguera. Para la prevención de estas complicaciones se debe hacerse un examen anual en ambos ojos para detectarlas o acudir al médico cuando le surge un problema de emergencia que no tenía en sus ojos.

Nefropatía o enfermedad de los riñones: Los vasos sanguíneos de los riñones ayudan a filtrar los desechos de la sangre, con el tiempo, los altos niveles de glucosa pueden dañar estos vasos sanguíneos, como resultado los riñones pierden su capacidad para filtrar adecuadamente los desechos de la sangre. Las señales tempranas de afección renal son la presión arterial alta mayor o igual que 140/90 mmHg y filtración de pequeñas cantidades de proteínas por la orina.

En las señales tardías de la afección renal, los productos de desechos se acumulan en la sangre, se pierden grandes cantidades de proteínas en la orina, la presión sanguínea en los riñones sigue siendo alta y estos pierden su capacidad para filtrar los productos de desecho, en esta etapa se requiere de diálisis renal o de la necesidad de un trasplante de riñón para vivir. Los síntomas más frecuentes en esta etapa son hinchazón de tobillos y piernas debido a la acumulación de líquidos, aumento de peso, pérdida del sueño, dificultad para concentrarse, pérdida del apetito, náuseas o vómitos, y debilidad; es posible que la persona no sufra estos síntomas hasta que ya haya perdido prácticamente la función renal. Debe preguntar a su doctor que le controle el nivel de proteínas – albúminas en su orina por lo menos una vez al año y de tener un estricto control del nivel de glucosa en la sangre para ayudar a retardar o prevenir la afección renal relacionada a la diabetes.

Neuropatía o enfermedad de los nervios: El daño de los nervios debido a la diabetes puede causar pérdida de la sensación, dolor, entumecimiento, debilidad muscular y otros síntomas, principalmente en las piernas, los pies, los dedos de los pies y de las manos, los brazos, y las manos. El dolor neurológico es frecuente en los diabéticos que no están en control llamándose a ese conjunto de síntomas asociados con el dolor neuropatía diabética; los altos niveles de azúcar afectan la microvascularización.

Ataque al corazón y enfermedades cardiovasculares: Los cambios en las paredes de los vasos sanguíneos pueden hacer que la sangre presione en las paredes del vaso sanguíneo con mayor fuerza aumentando la presión arterial sanguínea, con el tiempo, pueden acumularse depósitos de grasa y colesterol a lo largo de las paredes de los vasos y reducir la corriente sanguínea o bloquear el flujo de sangre al corazón o al cerebro y causar un ataque al corazón o al cerebro. El exceso de grasa y colesterol también puede formar placas a lo largo de los vasos sanguíneos y producir aterosclerosis y causar otras complicaciones periféricas en el sistema cardiovascular afectando la micro circulación.

Ataque cerebral o derrame cerebral: Está relacionado a todos los cambios cardiovasculares y se produce por altos niveles de presión arterial sanguínea, por la reducción o bloqueo del flujo de sangre al cerebro y causar daños neurológicos permanentes, algunas veces la reducción del flujo de sangre al cerebro podría causar pequeños derrames cerebrales transitorios que son un aviso de que puede llevar al bloqueo parcial o total del flujo de sangre y oxígeno al cerebro produciéndose el ataque cerebral o derrame cerebral. Este puede ser isquémico o hemorrágico, este ultimo de pronóstico fatal.

Disfunción sexual, infecciones frecuentes: Son causadas por los niveles altos de glucosa en sangre en una diabetes no controlada y el sistema inmunológico afectado. La disfunción sexual producida por la diabetes es reversible, es decir al controlar los niveles de azúcar en la sangre a lo más normal posible la disfunción sexual desaparece.

Amputación de los pies o piernas: Con el tiempo, los altos niveles de azúcar pueden dañar los vasos sanguíneos y reducir el flujo de sangre hacia las piernas y los pies, pueden afectar la capacidad de los nervios para enviar las señales y la sensibilidad, reducir la obtención de los nutrientes necesarios que circulan a través de la corriente sanguínea. Los pies pierden la sensibilidad, las cortaduras o ulceraciones pueden infectarse antes que la persona se dé cuenta, e iniciar un proceso de infección, inflamación, ulceración y gangrena. Revise sus pies diariamente y siga medidas de protección para los pies, mantenga un nivel adecuado de glucosa en sangre para prevenir las amputaciones de los miembros inferiores.

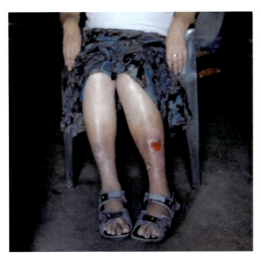 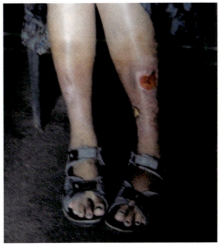

Paciente de 58 años de edad con diabetes tipo 2 insulino dependiente, presión arterial alta, neuropatía diabética con pie diabético de dos años de evolución, con un total de cinco lesiones profundas expuestas en ambos miembros inferiores e indicación de amputación en ambos miembros. Por decisión de la paciente de no perder sus miembros inferiores decide iniciar tratamiento medico conservador combinada con medicina natural y autocontrol de la diabetes tipo 2 que padece y de las lesiones profundas. El tiempo de recuperación con esta terapia conservadora después de dos años de sufrimiento le lleva 6 meses aproximados, no presentamos las lesiones en que se inició tratamiento por la privacidad de derechos de la paciente, pero si presentamos su recuperación a los 5 meses. Actualmente, la paciente se ha recuperado totalmente de las lesiones, aunque persiste con la neuropatía diabética, aprendio el autocontrol de la diabetes y sus complicaciones, las limitaciones económicas le privan de una mejor calidad y expectativa de vida, no tiene seguro de salud ni desabilidad legal que pueda obtener sus medicinas completas.

La Resistencia a la Insulina y la hiperglucemia: sigue siendo una complicación en el manejo y control de la diabetes, son los principales impulsores de eventos aterotromboticos que conduces a enfermedades cardiovasculares independiente de la misma diabetes; hay muchos factores frustantes para la persona que mantiene esta condición generalmente inducida por el largo plazo del uso de la insulina asociada a los síntomas de la resistencia a la insulina y al síndrome metabolico que lo he explicado en la introducción de esta guía. Para mejorar esta condición se requiere de tratamiento medico que responda al problema existente, a la actividad física y un estado nutricionalmente adecuado para evitar los alimentos que interfieren en el control de esta condición, revisar el uso de medicamentos que afectan el metabolismo de las grasas y glucosa en el hígado al aumentar los niveles de colesterol, grasas y glucosa misma. Si usted cumple con toda las recomendaciones y tratamientos y continua con esta condición, es tiempo de revisar con su medico y usted donde esta el problema para mejorar esa condiciones ya que las complicaciones se enfocan mas en el sistema cardiovascular o enfermedades del corazón o en los derrames cerebrales.

Otras complicaciones de la diabetes se derivan del pobre control de la glucosa sobre específicos órganos entre ellos las complicaciones dentales, sobrepeso y obesidad.

COMPLICACION METABOLICA DE LA DIABETES MELLITUS
COMA DIABETICO:

El coma diabético es una urgencia médica debido a una descompensación metabólica causada por altos niveles de azúcar en la sangre. Los síntomas y la complicación de la enfermedad se presentarán dependiendo del tipo de diabetes que tenga.

El coma diabético con cetoacidosis es una complicación de la diabetes tipo 1, precedido de un período de cetoacidosis que dura algunos días. La persona pierde el apetito que es un síntoma muy poco habitual en el diabético, se pone nervioso, con insomnio, dolor de cabeza, mucha sed, orina con frecuencia, pérdida de peso, dolor abdominal, náuseas, vómitos, irritabilidad, confusión, incoherencia, trastornos respiratorios con aliento afrutado y puede llegar a un severo estado de la pérdida de la conciencia. La descompensación metabólica afecta todos los órganos.

El coma diabético sin cetoacidosis o coma hiperosmolar hiperglucémico no cetónico es una complicación de la diabetes tipo 2, es común en personas mayores que no han sido diagnosticadas con diabetes, precedido de un período de síntomas de descompensación metabólica, los niveles de azúcar muy elevados por encima de 600 mg/dL, disminuye progresivamente el estado de la conciencia, signos de deshidratación moderada a severa, altos niveles de azúcar, fatiga, pérdida de la visión, alucinaciones y puede haber ligera cetosis. La descompensación metabólica afecta todos los órganos.

Ambas complicaciones son muy graves y se caracterizan por un estado de déficit de actividad de la insulina circulante en el organismo acompañada de un aumento de la producción de las hormonas contrareguladoras del organismo el glucagon, catecolaminas y glucocorticoides; aumentando los niveles de glucosa en sangre y disminuyendo la utilización periférica de glucosa en el organismo.

PREVENGA LAS COMPLICACIONES DE LA DIABETES:

Tome sus medicamentos siguiendo la prescripción de su médico.

Controle el nivel de azúcar en la sangre todos los días y lleve el récord en la libreta de anotaciones que usa para control asi su doctor podrá valorar cuales son sus momentos mas difíciles de controlar la glucosa en sangre y modificar su medicamento.
Chequear su presión arterial a menudo.
Hágase un examen completo de la vista cada año.
Asegúrese que su médico le haga chequeo de proteínas en orina, del colesterol y de los triglicéridos.
Control de la hemoglobina A1C cada tres ó cuatro meses dependiendo del tipo de diabetes que tenga.

Chequear sus pies y piel todos los días.
No fumar y evitar las bebidas alcohólicas en exceso.
Siga una dieta balanceada, ejercicio, actividad física y manejo del estrés todos los días.
Trabaje en el control de la diabetes muy de cerca con su proveedor de salud o doctor.
Para obtener más información y participación en las actividades de salud únase a los grupos o clubs de diabéticos.

TRATAMIENTO DE LA DIABETES MELLITUS:

El tratamiento de la diabetes va orientado a aprender a manejar la enfermedad de forma integral siguiendo los siguientes pasos:
1. Control de los niveles de glucosa en sangre a través del chequeo con medidor y corregir inmediatamente los niveles altos de azúcar.
2. Programa de ejercicio o de actividad física.
3. Programa de manejo del estrés y de la salud mental.
4. Tratamiento farmacológico: tableta oral, terapia combinada tableta oral e insulina o sólo terapia con insulina.
5. Plan de nutrición contando las porciones de carbohidratos y el plan de comida individual de la persona con diabetes. Aprender a identificar cuales son los mejores alimentos que trabajan en su organismo, para hacerlo le presento la guía de mi diario y mi meta para ajustarlo a sus necesidades.
6. Entrenamiento a la persona con diabetes y a un familiar sobre el autocontrol y manejo de la diabetes.
7. Participar de actividades de grupos o de apoyo con los mismos intereses de bienestar de salud

EL CONTROL DE LA GLUCOSA EN SANGRE ES PARTE DEL TRATAMIENTO DE LA DIABETES:

El control de la glucosa en sangre es la parte principal del auto control y tratamiento de la diabetes.

Es importante que la persona con diabetes tenga un entrenamiento en el uso de la máquina de chequear la glucosa y el uso de todo el material que necesita para el examen de glucosa, las cintas, el dispositivo regulador para las lancetas, las lancetas, algodón, alcohol, cuaderno de anotaciones, el lápiz y un contenedor de plástico con tapa para depositar las lancetas y cintas. En el cuaderno de anotaciones de los resultados del examen de la glucosa se deberá anotar la fecha, la hora, el día, el resultado y si fue antes o después de la comida usadas.

IMPORTANCIA DEL EXAMEN DE LA GLUCOSA Y DEL REGISTRO DE LOS RESULTADOS:

El examen de la glucosa en sangre debe chequearse según las indicaciones de su doctor, del tipo de diabetes que tiene y de su tratamiento.

El anotar todos los exámenes en el cuaderno de registro le permitirá a su doctor hacer correcciones en las dosis del tratamiento o en el cambio de tratamiento, le ayudará a regular los chequeos que se deberá hacer, le ayudará a corregir la hipoglicemia o hiperglicemia, le ayudará a comer mejor y tener más libertad de escoger alimentos que a usted le gustan y, a los que usan la insulina les ayudará a controlar mejor las dosis y a prevenir complicaciones.

El examen de la glucosa en sangre le permite prevenir las complicaciones de largo plazo ya que al tener controlada el azúcar o lo más cerca de los valores normales le evitará que sus órganos sufran daños debido a las altas de azúcar. Los valores normales de glucosa en sangre en una persona que no tiene diabetes son 70 a 100 mg/dL, en los diabéticos los valores normales de glucosa se consideran de 80 a 120 mg/dL, la hiperglicemia es cuando la glucosa es mayor de 120 mg/dL, la hipoglicemia es cuando la glucosa es menor de 70 mg/dL. Cuando la glucosa se ha mantenido por encima de 200 mg/dL por más de dos días consecutivos la persona tiene que consultar con su doctor.

En la diabetes tipo 2, el examen de glucosa debe realizarse todos los días en ayunas, luego puede realizarse antes de cada comida o 2 horas después de las comidas y al acostarse. También se recomienda hacer examen de glucosa cuando hay signos de hipoglicemia para corregir la baja de azúcar. En la diabetes tipo 1 se hará el examen de glucosa dependiendo de la dosis de insulina que usa 3 a 4 veces por dia incluyendo en ayunas.

COMPARACION DE LA HEMOGLOBINA A1C EN PORCENTAJE Y VALORES DE GLUCOSA SEGUN RESULTADOS DE SU EXAMEN CON SU MEDIDOR DE GLUCOSA

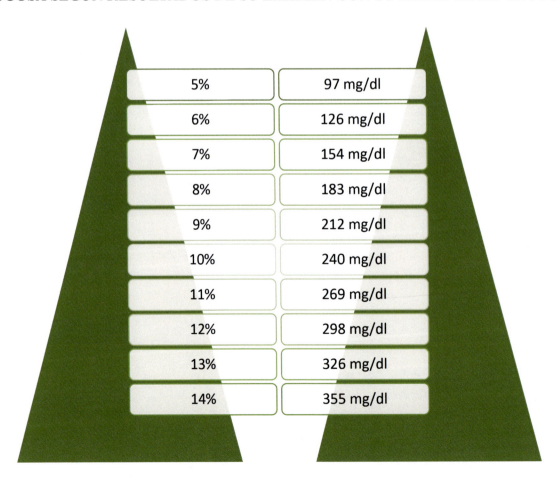

A1C	Glucosa
5%	97 mg/dl
6%	126 mg/dl
7%	154 mg/dl
8%	183 mg/dl
9%	212 mg/dl
10%	240 mg/dl
11%	269 mg/dl
12%	298 mg/dl
13%	326 mg/dl
14%	355 mg/dl

Si usted tiene en sus manos el resultado de la hemoglobina A1c o glico hemoglobina en porcentajes, esto le está indicando en cuanto ha tenido su glucosa en los últimos 3 meses, por ejemplo si su resultado es 10% al comparar en su medidor los resultados quiere decir que usted ha tenido sus niveles de azúcar en 240 mg/dl diarios por lo que el resultado es considerablemente alto, esto le indica que no está teniendo un buen control de sus niveles de azúcar en sangre y necesita revisar con su médico o equipo de trabajo en la diabetes donde está el problema para resolverlo y así prevenir la aparición de complicaciones de largo plazo y tener un buen control.

Este examen también sirve para diagnóstico de la diabetes en personas que no han sido diagnosticadas y tienen todos sus síntomas, incluyendo otros exámenes para su diagnóstico y seguimiento.

LA ACTIVIDAD FISICA Y EL EJERCICIO SON PARTE DEL TRATAMIENTO DE LA DIABETES:

LA ACTIVIDAD FÍSICA:

Es cualquier movimiento corporal producido por el músculo esquelético que resulte en gasto de energía. Sus beneficios resultan del tipo de actividad que se realice.

La actividad física reduce el estrés, le da más energía y lo hace sentir mejor. Aumenta su fuerza y flexibilidad; baja los niveles de presión arterial; reduce la grasa corporal y baja los niveles de colesterol. Ayuda a disminuir el proceso de envejecimiento; reduce los riesgos de enfermedad cardiovascular, diabetes y obesidad.

TIPOS DE ACTIVIDAD FISICA:

En su rutina diaria incluya tareas comunes de rutina que le permita caminar, manejar bicicleta, correr, hacer trabajo laboral activo cualquier deporte que le permita caminar, bailar, saltar con una cuerda, y nadar.

EJEMPLOS DE CANTIDADES MODERADAS DE ACTIVIDAD FISICA:

Tareas comunes de rutina. Lavando y limpiando el piso por 45-60 minutos. Lavando las ventanas y limpiando el patio por 45-60 minutos. Limpiando el jardín por 30-45 minutos. Haciendo ejercicio en la misma silla de ruedas por 30-40 minutos. Empujando un carretón por 3 kilómetros en 30 minutos. Recogiendo las hojas de los árboles por 30 minutos. Caminando 3 kilómetros en 30 minutos (10 min/km)

EL EJERCICIO:

Es un conjunto de actividades físicas definidas de forma planificada, estructurada de un movimiento corporal hecho de forma repetitiva para mejorar o mantener uno o más componentes de la estructura física del cuerpo.

Sus beneficios resultan del tipo de actividad que se realice. El ejercicio le promueve tener actitud positiva en la vida y mejor control de las enfermedades.

El ejercicio es el remedio para la felicidad; el ejercicio ayuda a tener mejores habilidades durante la vida; el ejercicio ayuda a vivir más tiempo. El ejercicio reduce el estrés, incrementa la energía y lo hace sentir mejor. El ejercicio aumenta la resistencia y flexibilidad corporal; disminuye su presión arterial; hace que la insulina trabaje mejor en el cuerpo. El ejercicio reduce la grasa corporal, disminuye los niveles de colesterol y ayuda a disminuir el proceso de la vejez.

RECOMENDACIONES PARA HACER ACTIVIDAD FISICA Y EJERCICIO:

Haga un plan de actividad física y ejercicio que usted disfrute; hacerse un chequeo físico con el doctor para saber en qué condiciones de salud está para hacer el tipo de actividad que va a realizar. Planear metas que sean alcanzables y progrese despacio.

Hacer calentamiento y enfriamiento y relajación antes y después del ejercicio. Usar identificación de ser diabético. Chequeo de su azúcar en la sangre antes y después de los ejercicios. Haga ejercicio por lo menos 3 veces por semana durante 30 minutos, incremente a 5 días de la semana por una hora hasta que pueda hacerlo regularmente.

CAMINANDO CON MARCADORES DE PASO:

Los marcadores de pasos son pequeños dispositivos excelentes para monitorear su progreso en la caminata. Son fácil de usar y de motivación. Se requieren 10,000 pasos por día para una actividad física normal y mantener una buena salud. Para tener más resistencia caminando y para bajar de peso deberá caminar más de 15,000 pasos diarios.

EL MANEJO DEL ESTRES Y DE LA SALUD MENTAL SON PARTE DEL TRATAMIENTO DE LA DIABETES:

En la práctica médica general y especializada es muy difícil encontrar una atención que se dirija a explorar las emociones del paciente que padece una enfermedad crónica en una consulta. Muchas veces los pacientes son referidos al psicólogo, al psiquiatra o al educador en salud para tratar ese sufrimiento crónico y el de las consecuencias emocionales tóxicas que se derivan de una vida bajo estrés contínuo. En mi experiencia personal, la de mis pacientes, la de los familiares y amigos existe un vacío difícil de entender que inicia desde la infancia hasta la batalla diaria de combatir el estrés siendo adulto. Algunos enfermos crónicos nunca han tenido un alivio del estress y mental, otros han recibido todas las técnicas científicas para sobrellevar el dolor como es el tratamiento del síndrome de la enfermedad post traumática, la de la ingesta crónica de fármacos de prescripción médica con resultados de dependencia a los mismos; el psicoanálisis del problema y en última instancia se habla de la sanidad espiritual con la curación a través de sanidad y milagros mediante la fe en Jesucristo.

Encontrar las piezas perdidas del propósito de la vida resulta también difícil por tratarse de enfermedades crónicas que evolucionaron por un período de tiempo prolongado en la vida del individuo. El hombre es una trinidad que está compuesto por el cuerpo físico, el alma y el espíritu, este conjunto que forma al individuo trabaja en armonía para hacer lo mejor que usted puede realizar en la vida; si uno de estos tres elementos está "enfermo" o "fuera de equilibrio" con los otros dos, entonces, todo su ser estará enfermo.

El estrés es una respuesta natural y necesaria para la supervivencia en un momento dado, a pesar de lo cual hoy en día se confunde como una enfermedad más. Esta confusión se debe a que este mecanismo de defensa puede acabar bajo determinadas circunstancias en problemas graves de salud. El estrés es un peligro para el cerebro humano. Las hormonas que se liberan en nuestro organismo cuando estamos preocupados o nerviosos deterioran una región del cerebro relacionada a las funciones cognitivas como la memoria y la orientación espacial. El cerebro de las personas estresadas envejece antes que el de las personas más tranquilas.

La conexión entre el estrés y el azúcar en la sangre:

El estrés es una respuesta producida en su cuerpo cuando está sometido a diversos factores del medio ambiente, ya sea física, mental o espiritual. Contrario a lo que la mayoría de la gente cree; el estrés no está asociado solamente a lo negativo sino también a emociones positivas y a las del medio en que se desarrollan esos eventos. Cuando algo se produce o está a punto de tener lugar en el medio ambiente se comienza a manifestar el estrés en el cuerpo de la persona y siente algunos de los síntomas de estrés, esto da lugar a una respuesta liberando ciertas sustancias químicas hacia el aparato circulatorio. Su cuerpo trabaja horas extra para ayudar a hacerle frente a las consecuencias del estrés. Una de las maneras de hacer esto es la liberación de las hormonas llamadas del estrés, ellas son las catecolaminas conocidas como la adrenalina y la noradrenalina, el cortisol y las endorfinas. Todas estas hormonas le dan más energía y concentración a su cuerpo en el momento del estrés, pero al mismo tiempo bloquean la liberación de hormonas que están activas en el metabolismo, en especial la insulina producida por el páncreas que inhabilita el control del azúcar en la sangre; su cuerpo también libera glucosa que proveniente del hígado, de los músculos y de las reservas de grasas almacenadas en su cuerpo. Hay ocasiones, en que a pesar de que la situación de riesgo ya pasó, los niveles de cortisol y de las otras hormonas del estrés permanecen elevados en la circulación

Síntomas del estrés:

El origen del estrés se encuentra en el cerebro, que es el responsable de reconocer y responder de distintas formas a los estresores afectando el aprendizaje, la memoria y la toma de decisiones. El efecto inmediato que tiene la respuesta estrés en el organismo es profundo y especialmente actúa tanto en el sistema nervioso central como en el sistema nervioso periférico.

A nivel del sistema nervioso simpático se produce vaso constricción periférica, midriasis, palpitaciones, respiración acelerada, y disminución de la motilidad intestinal. Se produce liberación de las llamadas hormonas del estrés, las catecolaminas conocidas como la adrenalina y la noradrenalina, el cortisol y las endorfinas. Se aumentan los niveles de glucosa en sangre, los factores de la coagulación, los aminoácidos libres y los factores inmunitarios son afectados. A mediano plazo, este estado de alerta sostenido desgasta las reservas del organismo y puede producir diversas enfermedades debido a los niveles elevados de las hormonas del estrés en el organismo, entre algunos la trombosis, ansiedad, depresión, inmunodeficiencia, dolor muscular, insomnio, trastornos de atención y diabetes.

La adrenalina es la responsable de que la respiración se hace rápida y aumente la frecuencia cardíaca para que los músculos respondan rápidamente. La sangre circula rápido, evita la formación de coágulo y evita los vómitos. Las sensaciones físicas más comunes son la opresión en el pecho, palpitaciones, sudoración fría, hormigueo o "mariposas" en el estómago. El cortisol es el responsable de que el cuerpo ejecute comportamiento no habitual durante todo el tiempo que dure la situación amenazante; y prepara a el cuerpo "en alerta" para reaccionar lo más rápido posible. Cambios en el comportamiento, falta de sentido del humor, irritabilidad, sentimientos de ira y ganas de llorar. Cambios físicos de cansancio, dolor de cabeza, presión arterial alta, falta de apetito o gula desmesurada, problemas digestivos y disminución de las defensas. El exceso de adrenalina y cortisol liberados en sangre día tras día produce efectos perjudiciales tanto inmediatos, a mediano y a largo plazo.

Una variación del estrés es el trastorno por estrés postraumático TEPT que es un trastorno debilitante que a menudo se presenta después de algún suceso aterrador por sus circunstancias físicas o emocionales, o un trauma por accidente de tránsito, robo, violación, desastre natural, guerra entre otros. Los acontecimientos provocan que las personas que han sobrevivido el suceso tengan pensamientos y recuerdos persistentes y aterradores; el TEPT se puede dar en todas las edades, siendo los niños una población muy vulnerable para este trastorno. El trauma se convierte en post traumático cuando no se le da atención inmediata y debida. La clave para prevenirlo es teniendo intervención clínica. Aparece repetitivamente en episodios con pesadillas, culpabilidad, e hiper sensibilidad al cortisol.

La depresión ha sido identificada por ser una influencia negativa de pobre control glucémico en los pacientes diabéticos o con enfermedades crónicas. Al igual que cualquier otra enfermedad, después de varios años de estar luchando por la enfermedad puede ser que físicamente se sienta agotado debido a que su cuerpo físico ha continuado debilitándose a pesar de todo lo que ha hecho para combatir la enfermedad. En consecuencia, también se vuelve mental y espiritualmente agotado, y como resultado se pierde la esperanza y "ceder" al hecho de que lo mejor que usted puede hacer es vivir con la enfermedad; de hecho, en la práctica es muy desconcertante y muy difícil de superar el hecho de que debe aprender a vivir con una enfermedad. Sólo una fuerte creencia en un poder que es mayor al suyo mismo le puede dar la esperanza, la fe, la confianza y el coraje para luchar por su vida en lugar de ceder a lo inevitable como es el desarrollo de las complicaciones de largo plazo de la diabetes, de la insuficiencia renal, las diálisis, las amputaciones y la ceguera.

La espiritualidad y la salud mental:

El hecho de aceptar que vivimos en un universo espiritual y que todos somos seres espirituales, usted se encontrará equipado de un instrumento a través del cual se puede ejercer influencia sobre su cuerpo, su alma y su espíritu. La clave más importante para el individuo "no es la idea de una religión en particular", que es importante, si no al desarrollo de una vida espiritual; porque la espiritualidad crea el bienestar, la salud y la felicidad. Nuestra cultura es altamente creyente del cristianismo y todos hemos sido expuestos de alguna manera a la divinidad de Jesucristo, que es un ser divino espiritual; por medio de Él se cree en los milagros de sanidad, hoy en día, también manipulado por lideres espirituales que no tienen el conocimiento de la medicina ni el conocimiento bíblico donde explica la vida saludable que puede ser aplicada al conocimiento científico de la medicina, la mayoría de las emociones tóxicas de nuestra memoria celular bajo esta creencia por medio de un ser divino permite la curación física que va a tener lugar. Comprender el tratamiento espiritual que Dios nos da es ambiguo porque no hablamos de religión como muchos piensan, si no de la aceptación como ser espiritual y del conocimiento científico de la medicina y la Biblia.

Las enfermedades crónicas se desarrollan de forma silente a través de un tiempo prolongado en la vida de la persona, se involucra toda la familia, los amigos, el trabajo o la escuela, y el medio en que se desarrolla este evento fatal de la vida. No se escapan los costos de la enfermedad y del dolor humano que produce la enfermedad, del deterioro lento y progresivo de las complicaciones donde se pone en riesgo la capacidad mental y física del individuo con diabetes al socavar la economía propia de la persona y de la familia por su contribución económica a los altos costos del control de la enfermedad.

Cuando exploras y conoces la guía de las escrituras en la Biblia, la respuesta a los efectos del estrés es inmediata debido al conocimiento de las diferentes causas que lo originan porque en la Biblia se describen como manejar todas las emociones toxicas, la alimentación, el descanso, la actividad física, y el poder de manejar la mente y la espiritualidad de tu cuerpo. La mayoría de los síntomas de estrés, depresión, miedo, soledad y todo lo que hemos hablado de las emociones tóxicas desaparecen con la renovación de la mente y en la Biblia se conoce este termino como restauración, permitiendo un mejor control de la enfermedad que se esta tratando.

Conclusiones de la salud mental con relación a la salud espiritual:

La vida del ser humano comienza en un mundo de estrés desde el momento que es concebido y se desarrolla en un medio hóstil acumulando una serie de emociones tóxicas y estrés contínuo con efectos fisiológicos en el cuerpo humano que terminan ya sea a corta, a mediana o a largo plazo en una enfermedad crónica. No hay suficiente documentación práctica de la vida de como controlar todos los efectos del estrés y de la vida espiritual para controlar las emociones tóxicas. La Biblia en toda su escritura habla de como vivir una vida saludable, como vivir en la gracia de Dios, de la salud, de la familia, y de la vida misma de cada individuo, Jesucristo con su poder en la tierra demostró la sanidad mediante los milagros y la fe del ser humano, y el sigue haciendo milagros, encontrar esa sanidad también requiere de lo que la persona contribuye para mejorar los aspectos de salud que quiere mejorar. Jesucristo brinda gratuitamente esa medicina y le ayuda a discernir la necesidad de tomar un tratamiento medico y a seguir documentándose de la enfermedad que tiene tomando responsabilidad en la ciencia medica para controlar o curar su enfermedad según la etapa en que se encuentre en su padecimiento.

"El cuerpo es un regalo de Dios, en la creación Dios dice que es muy bueno lo que Él hizo". Dios tomó un cuerpo físico para salvarnos, se cansó, sudó, abrazó, sonrió, curó y enseñó mediante su amado hijo Jesucristo. El usó el cuerpo para los mejores propósitos de nuestras vidas. Dios quiere que disfrute de la vida como un regalo que nos da, pues su cuerpo es el templo donde vive el Espíritu Santo. Cuando usted está enfermo su cuerpo está diciendo algo de usted, está diciendo como lo está tratando, está diciendo como administra su cuerpo de alguna manera, de allí la importancia de conocer la enfermedad, el estrés, la vida espiritual y como controlar por si mismo todos los aspectos que están involucrado en el manejo de la enfermedad mediante el autocontol. Esta experiencia me hizo refleccionar que todas aquellas enfermedades psicosomáticas son mentales y espirituales y que al final influyen en la aparición de síntomas físicos del cuerpo humano que si no se controlan terminan en provocar la enfermedad en el órgano que se afectó. Las escrituras junto con la ciencia médica nos dan la receta perfecta para mejorarlas o curarlas.

La diabetes y las enfermedades relacionadas a la diabetes ataca a las personas de todo el mundo, la organización mundial de la salud la describe como una enfermedad epidemiológica no contagiosa que esta causando desabilidad y muerte en las personas que la padecen y no tienen un buen control o acceso a un programa de salud optimo y de conocimiento para supervivencia. He trabajado con diferentes personas y grupos de otros continentes diferente al continente americano en crencias, costumbres, habitos e ideología, unos creyentes de su fe en su cultura y otros no creyentes, todos los afectados por diabetes y enfermedades relacionadas tenemos el mismo sentir y ataque de la enfermedad en nuestro cuerpo y mente y coincidimos con el dolor y el padecimiento, les agradezco mucho a los que pudieron transmitir su sentir en mi experiencia practica y humana.

LA AROMATERAPIA COMO COADYUVANTE ALTERNATIVO EN EL MANEJO DEL ESTRÉS Y ESTADOS EMOCIONALES.

La aromaterapia es la práctica de utilizar los aceites naturales extraídos de las flores, cortezas, tallos, hojas, raíces u otras partes de una planta para mejorar el bienestar psicológico y físico. La aromaterapia es uno de los métodos más antiguos de la medicina natural para la curación del cuerpo, la mente y el medio ambiente. Antes de iniciar su experiencia en el uso de la aromaterapia debe documentarse muy bien para evitar efectos dañinos para su salud.

El aroma inhalado de estos "aceites esenciales" se cree ampliamente que estimulan la función cerebral. Los aceites esenciales también pueden ser absorbidos por la piel, de donde viajan a través del torrente sanguíneo y pueden promover la curación de todo el cuerpo. La aromaterapia está ganando como una forma de la medicina alternativa. Se utiliza para una variedad de aplicaciones, incluyendo el alivio del dolor, la mejora del estado de ánimo y el aumento de la función cognitiva. Hay un gran número de aceites esenciales disponibles en botánicas y jardines especializados, cada uno con sus propias propiedades curativas. Los aceites esenciales de usos en la aromaterapia son la esencia concentrada de una planta y son la base de la aromaterapia, que se basa en la idea de que el aceite aromático de una planta tiene propiedades curativas. Los aceites esenciales no deben ser confundidos con otros perfumes o aceites de fragancia. Los aceites esenciales pueden utilizarse con mínimas contra indicaciones, en el tratamiento de pequeños trastornos para eliminar el dolor, el estrés, para mejorar el estado de ánimo y del espíritu, además es ampliamente usado en cosmetología y tratamientos de belleza.

Los aceites esenciales son naturales a la planta, mientras que los aceites de fragancia se producen químicamente para imitar ciertas fragancias aromáticas para perfumes, colonias, velas, ambientadores entre otros. Los aceites esenciales se extraen de una de dos maneras - ya sea por destilación al vapor o expresión, y la otra manera es de prensado. La destilación es el método más importante utilizado para extraer los aceites de aromaterapia, sin embargo, esta técnica consiste en la vaporización del material vegetal hasta que se rompe su estructura. El subproducto de esta fase de descomposición es el aceite fragante de la planta, el cual se enfría, se separa del agua y finalmente se filtra en un aceite esencial puro. Algunos aceites de aromaterapia son muy concentrados para aplicarlos directamente sobre la piel; en este caso, el aceite se combina con un "portador" aceite o loción para diluir su concentración.

La aplicación rigurosa de aceites en la piel puede causar reacciones dañinas, tales como erupciones o quemaduras. Ciertos aceites esenciales deben ser evitados si usted está embarazada o ha sido diagnosticado con una enfermedad específica. Cuando el aceite esencial se extrae mediante el método de expresión, en realidad es exprimido desde la fuente de la planta de la misma manera que se exprime el jugo de un limón.

Hay varios tipos de aceites esenciales de árbol de té, incluyendo lavanda, jazmín, romero, manzanilla, menta, y otros conocidos en nuestras cocinas. Antes de usar la aromaterapia aprenda todo sobre los aceites esenciales más comunes de su región o consulte con un experto en el uso de la aromaterapia asegurándose para que sirve su uso.

LA MEDICINA O TERAPIA FARMACOLOGICA ES PARTE DEL TRATAMIENTO DE LA DIABETES:

CONSIDERACIONES ACERCA DEL TRATAMIENTO MEDICO DE LA DIABETES:

La diabetes es una enfermedad crónica que se padece de por vida, por lo que una vez diagnosticada la enfermedad no se debe abandonar el tratamiento y deberá hacer las correcciones del uso de las diferentes opciones de tratamiento con la guía de su doctor. El control de la diabetes depende del éxito de su manejo y de cumplir con todos los pasos que se requieren para tratar la enfermedad.

Valorar el desorden metabólico existente y el estado funcional del sistema secretorio de la insulina es la parte esencial del tratamiento. La terapia con uno o varios agentes orales es efectiva cuando las células beta del páncreas todavía mantienen la función secretoria de insulina. Cuando ésta decrece como parte natural del progreso de la enfermedad y el control de la glucosa se vuelve inapropiado se deben considerar otras alternativas de tratamiento como es el combinado oral e insulina o solo terapia con insulina.

De acuerdo a la Asociación Americana de Diabetes se debe considerar para el tratamiento de la diabetes tipo 2 el tipo de medicamento que se va a prescribir, los beneficios y el costo de los medicamentos, las contraindicaciones, los efectos para obtener los valores deseados de glucosa, la duración del mecanismo de acción, el peso del paciente, y realizar un perfil de lípidos. Se debe considerar la modificación de los factores de riesgo cardiovascular y los efectos colaterales del tratamiento. Cada agente antidiabético que se usa tiene efecto diferente en el peso corporal; en los niveles de lípidos, en el metabolismo de la función hepática de los medicamentos y efectos de estos y en la función secretoria de insulina.

Se debe considerar la clasificación etiológica de la diabetes:

Diabetes Tipo 1: La causa es la destrucción de las células betas del páncreas que usualmente lleva a la completa deficiencia de insulina, puede ser de origen auto inmune o idiopática.

Diabetes Tipo 2: La causa es debida la resistencia de las células a la insulina con relativa deficiencia de insulina; o con un defecto predominantemente secretorio con resistencia a la insulina.

La diabetes gestacional durante el embarazo entre las 24 a 28 semanas y en la parte final del embarazo.

La diabetes causada por otros factores que no es parte de esta presentación.

FASES DE TRATAMIENTO:

Tratamiento no farmacológico: Generalmente este tratamiento es utilizado en los estadios iniciales de la prediabetes y durante la prevención de la misma con dieta planificada, actividad física, control de los niveles de glucosa, manejo del estrés y de la salud mental. Hay estudios de esta condición de poder revertirse la enfermedad.

Tratamiento farmacológico: Una vez instalada la enfermedad el tratamiento es de por vida previa evaluación e inicio del tratamiento oral si los niveles de glucosa no son normales. Considere el uso de insulina si el paciente está muy sintomático, severa hiperglicemia, cetoacidosis, con posible diabetes tipo 1 ó diabetes y embarazo.

Nota y Mitos: Informar al paciente o familiar inmediato sobre los esquemas de tratamiento para el diabético; a menudo el diabético abandona el tratamiento porque no se le explicó muy bien sobre las terapias combinadas y al volver a la consulta con el proveedor de salud se le cambia a otro esquema según los resultados de los exámenes. El paciente o el familiar suele expresar "creo que el doctor está probando conmigo con tantos cambios de medicina y no me mejoro, yo me voy a tomar solo de una clase de "pastillas" de allí, que educar al paciente es importante y educar a un familiar cercano para el apoyo y conocimiento del tratamiento. Recuerde que el diabético que está complicado suele tomar otros medicamentos para controlar sus complicaciones y su nivel de glucosa en sangre puede estar elevado y no podrá fijar toda la información.

ADVERTENCIA: El tratamiento farmacológico de la diabetes solo se presenta en esta información para el conocimiento del mismo, la secuencia y grupos de medicamentos que controlan la diabetes; para su control depende de la prescripción médica que le dará su doctor. La diabetes es una enfermedad crónica y no debe automedicarse. Consulte con su doctor ya que alguna información a continuación la puede comentar y hacer preguntas a su doctor.

MONOTERAPIA CON UNA TABLETA ORAL:

Alfa inhibidora de glucosidasa: Inhibe parcialmente las enzimas intestinales que participan en el desdoblamiento de los carbohidratos a monosacáridos, disminuyendo los niveles de glucosa post pandrial. No causan hipoglicemia ni aumento de peso cuando son usados como monoterapia.

Biguanidas: Tratamiento de elección de primera línea, inhibe la producción hepática de glucosa mejorando la sensitividad de la insulina, no estimula la secreción del páncreas, no causa hipoglicemia o hiperinsulinemia. Puede combinarse con sulfonilureas o insulina. Ayuda a reducir A1c de 1.5 a 2.0 % y reduce moderadamente los triglicéridos y el colesterol total. Reduce la producción de glucosa por el hígado. Su uso es contraindicado en las enfermedades renales y disfunción renal, acidosis metabólica aguda o crónica, insuficiencia respiratoria y en la disfunción hepática.

Meglitinida: Estimula la liberación de insulina de las células betas pancreáticas al bloquear el ATP de los canales sensitivos de potasio. Decrece A1c de 1.7% a 1.9%, puede causar hipoglicemia, y ligero aumento de peso, usar con precaución en pacientes con función hepática disminuida.

Sulfonilureas: Reducen los niveles de glucosa en sangre estimulando la secreción de insulina por las células beta del páncreas lo cual resulta en una elevada concentración de insulina en el plasma. Mejor sensitividad de la insulina a nivel periférico y hepático por lo que está relacionada a una hiperglicemia inducida a la resistencia a la insulina "toxicidad de la glucosa" la cual decrece dependiendo de los efectos de las sulfonilureas al bajar los niveles de glucosa. Reducen la A1c de 1.5 a 2.0 %, causan hipoglicemia, aumento de peso e hiperinsulinemia.

Tiazolidinediona: Su uso es de segunda línea porque son hepatóxicos, pueden ser usado con Metformina o Insulina. El mecanismo de acción de ella no está bien definido, parece actuar en los receptores de sensibilidad a la insulina en el músculo. Antes de iniciar tratamiento con thiazolidinedione medir los niveles de enzima hepáticas, luego cada mes durante el primer año de tratamiento y luego cada 3 meses después del primer año. Descontinuar su uso si causa hepato-toxicidad. Pueden causar retención de líquidos, usar con precaución en insuficiencia cardíaca, incrementan los lípidos y HDL/ LDL colesterol, aumento de peso.

TRATAMIENTO COMBINADO CON DOS TABLETAS ORALES:

Sulfonilureas y biguanidas: Mejoran el control de los niveles de glucosa y la hemoglobina A1C disminuye en 1.9%, disminuyen la glucosa en ayunas. Esta combinación puede demorar la necesidad de usar el tratamiento con insulina.
Tiazolidinedionas y Sulfonilureas o Insulina: Debe ser de uso selectivo en pacientes que no logran control de los niveles de glucosa. Mejoran el control de la glucosa, causan hipoglicemia, y cuando se usa con insulina disminuyen las dosis de insulina.
Meglitinidas y Biguanidas: Mejoran el control de la glucosa cuando es agregado a la metformina en pacientes que no han podido controlar su diabetes. La hemoglobina A1c disminuye en 1.41%, causa hipoglicemia.

TRATAMIENTO COMBINADO CON TABLETAS ORALES Y LA INSULINA:

Insulina y Sulfonilureas: Esta combinación está en controversia debido a que al combinar estos agentes son más caros que usando solamente la insulina y por su efectividad Sulfonilurea durante el día, seguido de una dosis de insulina de acción intermedia antes de acostarse para reducir los niveles de glucosa en ayuna.

TRATAMIENTO SOLO CON LA INSULINA:

La insulina no es la primera línea de tratamiento para diabetes tipo 2, sin embargo, algunos pacientes requieren terapia con insulina al momento de su diagnóstico, una vez que el control de glucosa es alcanzado, la terapia oral puede ser iniciada y descontinuar la terapia con insulina. La insulina es el tratamiento de elección de la diabetes tipo 1 y de la diabetes gestacional.
Con el tiempo cerca del 50% de pacientes con diabetes tipo 2 necesitará de insulina para controlar su hiperglicemia.
La insulina está indicada como monoterapia cuando el tratamiento combinado con agentes orales ha fallado, cuando el paciente no tolera el agente oral y cuando la función hepática está comprometida.
La insulina regula los niveles de glucosa en plasma al disminuir la producción de glucosa hepática e incrementar la utilización de glucosa en el tejido periférico y el metabolismo.
Los efectos colaterales de la insulina incluyen aumento de peso aproximado de 11 a 22 libras (5 a 10 kg); y episodios de hipoglicemia o baja de azúcar.

TIPOS DE INSULINA:

Insulina Acción Muy Rápida: Humalog/ Lispro, Novolog/ Aspart.
Insulina Acción Rápida: Insulina Regular ®, Humulin R, Novolog R, Toujeo

Insulina Acción Intermedia: NPH, Lenta (Humulin L, Novolin L).
Insulina Acción Prolongada: Ultralenta (Humulin U), Glargine (Lantus).
Insulina para uso en la bomba de Insulina.
Diabetes tipo 1: Iniciar terapia de insulina con dosis mínimas y monitorear su incremento. No es recomendable administrar en diabetes tipo 1 preparaciones de Insulina Mixta debido a la flexibilidad de los cambios de dosis.
Diabetes tipo 2: Iniciar terapia con insulina con dosis mínimas o insulina mixta y monitorear su incremento.

ESQUEMA ADICIONAL DEL USO DE LA INSULINA:

El doctor le puede prescribir un esquema adicional del uso de la insulina para usar dosis adicionales de insulina regular, cuando el chequeo de la glucosa da resultado elevado a pesar de haber recibido su dosis regular. No se auto medique, su doctor le recomendará el esquema que debe tener. Recuerde que la dosis depende de su peso corporal y del control de los niveles de glucosa en sangre.

BOMBA DE INSULINA:

La bomba de insulina es un pequeño aparato programable que se parece en tamaño a un beeper de teléfono y en su interior contienen un depósito de insulina. La bomba de insulina se programa para administrar insulina al cuerpo a través de un equipo de infusión inserción subcutánea por debajo de la piel; cada tres días se cambia el equipo de infusión y se rellena de insulina para que continúe funcionando de forma contínua. La bomba no es un páncreas artificial, es un dispositivo mecánico que se programa para administrar la insulina de manera regular e imitando el comportamiento del páncreas.
La insulina es administrada de manera más natural y uniforme y se administra insulina rápida.
La bomba de insulina genera una alarma siempre que identifica una situación que requiere atención inmediata. Es de uso seguro en niños. El inconveniente del uso de la bomba de insulina es que es demasiado costoso su mantenimiento, algunos seguros de salud la cubren en un 80%.

EL PLAN DE NUTRICION O DIETA BAJA EN CARBOHIDRATOS SON PARTE DEL TRATAMIENTO DE LA DIABETES:

La nutrición de la medicina alternativa, es una dieta basada en productos alimenticios naturales, preferiblemente orgánicos, es decir, que no estén expuestos a hormonas, fertilizantes y pesticidas. Promueve encontrar soluciones para el manejo de los niveles de glucosa en sangre al momento de escoger alimentos que reúnan todas las condiciones que debe tener un alimento óptimo para mejorar y mantener una vida saludable. Las dietas bajas en carbohidratos no son costosas, lo que se requiere es aprender a elegir los alimentos, aprender a cocinarlos, aprender a medir las porciones de los diferentes alimentos que debe llevar un plato de comida y aprender a preparar su menú.

En la guía que se sugiere en este plan de nutrición se trata de explicar lo más simple que se pueda hacer y de fácil entendimiento. Generalmente, según la talla y el peso en las personas sedentarias o las que no tienen actividad física regular; las mujeres deberían de comer de 12 a 15 porciones de carbohidratos por día y los hombres deberían comer de 15 a 18 porciones de carbohidratos por día divididas en 3 comidas y una merienda. Un aproximado de 1,500 a 1800 calorías por día. Si medimos estas porciones por gramos de carbohidratos sería una ingesta de 60 a 75 gramos de carbohidratos por tiempo de comida o sea de 180 a 225 gramos de carbohidratos por día.

Los hombres y mujeres que realizan actividades físicas y ejercicio o trabajos donde se queman calorías para la realización de ese trabajo deberán consumir una dieta de acuerdo a sus requerimientos calóricos. Consulte a un nutricionista o educador en salud para realizar su plan de comidas.

RECOMENDACIONES:

Aprenda a medir porciones con la lista de alimentos que se describen en las páginas siguientes.

Use el juego de medidas en taza: 1 taza, ½ taza, 1/3 taza, ¼ taza, y el juego de medidas de cucharas: 1 cucharada, ½ cucharada, 1/3 de cucharada, ¼ de cucharada. Puede aprender a medir los alimentos con una balanza siguiendo las guías. Si no le gusta el sistema de medir con tazas, mida los cucharones que utiliza para cocinar con el sistema de medidas de las tazas asi podrá usar los cucharones de cocinar en lugar de la taza.

Use la guía de los alimentos contando los carbohidratos y las que contienen fibra. Use la guía de las listas de alimentos conteniendo los valores de los diferentes grupos de alimentos, los grupos de carbohidratos, los grupos de las frutas, los grupos de los vegetales verdes y secos, y verduras, los grupos de los lácteos, los grupos de proteínas y los grupos de alimentos que se deben evitar. Aprenda a identificar los alimentos que mejor trabajan en su organismo,

Su plato debe de llevar una porción de cada uno de los grupos de alimentos: 1 porción de fruta, 1 porción de leche o derivados de la leche, 1 porción de vegetales bajos en carbohidratos, 1 a 2 porciones de almidón de bajo índice glucémico (según las calorías que debe consumir si es hombre o mujer) y 1 porción de proteínas y liquidos sin azúcar.

Aprenda a escoger una dieta baja en grasas y baja en colesterol.

Use la sal o sodio no procesada con químicos, you uso himalayan sal y el azúcar en moderación para endulzar aprenda a usar vainilla, canela, azúcar no refinada para sus liquidos.

Introducir en su dieta 25 a 30 gramos de fibra por día, y 25 gramos de proteína de soya organica no GMO o de los diferentes grupos de frijoles y lentejas por día cuando no tiene proteínas de origen animal a su disposición.

Las proteínas de animal incluyen la carne baja en grasa o sin grasa de res, aves, cerdo, cordero, cabro, pescado, huevos y sus diferentes variedades derivadas de los animales que consuma.

Generalmente se recomiendan 3 comidas por día a un intervalo de 5 horas entre comidas, el desayuno debe ser entre 7:00 y las 9:00 am, el almuerzo entre 12:00 y las 2:00 pm, y la cena entre las 5:00 y las 7:00 pm y una merienda opcional por lo menos 2 horas antes de acostarse. El horario de la persona con diabetes varias según la actividad de su trabajo. Las meriendas entre comidas son opcionales, y están deben ser muy bajas en carbohidratos de preferencia ensaladas, vegetales sin almidón, y líquidos sin azúcar incluyendo sopas claras. Trate la hipoglicemia o baja de azúcar con porciones pequeñas de carbohidratos a menos que sea tiempo de su horario de comidas decida tener su tiempo de comida.

Aprenda o use la guía de cuantos gramos de carbohidratos hacen una porción. Es muy importante al momento de hacer su plato de comida. Aprenda a leer y usar las etiquetas de los alimentos.

GRUPOS DE ALIMENTOS QUE PUEDEN SER SUBTITUIDOS UNOS POR OTROS:

Se componen de alimentos con valores de nutrición similares y pueden ser intercambiados para hacer el menú diferente cada dia usando todos los grupos de alimentos.

Las variedades de alimentos indican el tamaño de cada porción para cada alimento crudo o cocido.

Las porciones se miden en gramos de carbohidratos equivalentes a 1 porción o 15 gramos de carbohidratos. Pida ayuda a su nutricionista o educador de salud como usar las etiquetas y recetas de los alimentos.

Nota y Mitos: Es importante aprender a medir las porciones de los alimentos en su plato de comida. Muchos de los errores que se cometen en el control de la glucosa en sangre son debido a la falta de medir sus porciones. El diabético abandona el plan de comida porque le hizo falta alimento o por que comió más de lo que debía, aprender a medir le garantiza que no sufrirá por comer y controlará mejor su peso corporal y el control de su azúcar en sangre.

LOS CARBOHIDRATOS SE MIDEN EN GRAMOS PARA OBTENER LAS PORCIONES.

> 15 Gramos de carbohidratos equivalen a una porción

DETERMINE EL NUMERO DE CARBOHIDRATOS - ALMIDONES POR PORCIONES:

Gramos de Carbohidratos	Contar Porciones de Carbohidratos
0 - 5 gr	No cuente. Si se sirve 3 alimentos de 5gramos deberá contar 1 porción.
6 – 10 gr	½ porción
11 – 20 gr	1 porción
21 - 25 gr	1 ½ porción
26 – 30 gr	2 porciones
35 – 40 gr	2 ½ porciones
41 – 45 gr	3 porciones
46— 50 gr	3 1/2 porciones
51— 60 gr	4 porciones

CONOZCA Y APRENDA A USAR LOS CARBOHIDRATOS SEGÚN SU INDICE GLICEMICO:

El método de índice glicémico de los carbohidratos es un valor que se le reconoce en una escala de 0 a 100 de acuerdo como el carbohidrato puede afectar los niveles de glucosa en sangre. Si el índice glicémico de un alimento es alto; mayor es la probabilidad de aumentar los niveles de glucosa en sangre por lo tanto mayor será la necesidad de administrar altas dosis de insulina para controlar los niveles altos de azúcar en la sangre.

Comer alimentos con bajo índice glicémico le ayudará a tener un mejor control en los niveles de glucosa en sangre y en las necesidades del uso de la insulina, lo cual le disminuye el riesgo de daño vascular y del sistema nervioso. La digestión lenta de los alimentos con bajo índice glicémico le ayudará a sentir menos hambre y controlar su peso corporal.

Los alimentos con índice glicémico bajo son lentamente digeridos y absorbidos por el tracto gastrointestinal, deben contarse como porciones de carbohidratos en las necesidades de calorías diarias del individuo. Algunos ejemplos, de alimentos con valores bajos del índice glicémico son los frijoles de los diferentes colores, lentejas de los diferentes colores, garbanzos, algunas semillas como el maní, almendras, girasol, y nueces, pan de trigo, cereales de trigo, avena, espaguetis de arroz integral, arroz integral, frutas frescas como manzanas, aguacate, bananos, toronja, naranjas, peras, mandarinas, mangos, vegetales como la papa dulce, productos de almendras, calabazas o ayote de los diferentes tipos.

Los alimentos con índice glicémico alto aumentan rápidamente los niveles de glucosa en sangre, deben evitarse los más que se puedan, es decir, comerlos en moderación o no comerlos. Algunos ejemplos de alimentos con índice glicémico alto son, pan blanco, croissants, donas, cereales bajos en fibra como el corn flakes, papa blanca, arroz blanco, algunas frutas como la sandía, el melón, la piña, gaseosas (sodas) incluyendo las de dieta, sustitutos de azúcar, caramelos, dulces, azúcar, bebidas energéticas, sorbete de crema batida, yogurt, en general todas las harinas blancas. Una vez que usted a abandonado todos estos productos su cuerpo se detoxificara y podrá mejorar su estado nutricional y su control de glucosa en sangre.Eliminar los azucares significa ver los cambios notable en pocos días.

LISTA DE ALMIDONES:

Grupo de Almidones:

Panes	*Tamaño de la porción 15 gramos de carbohidratos*	*Cereales y Granos*	*Tamaño de la porción 15 gramos de carbohidratos*
Pan de hot dog o hamburguesa de trigo	½ pan	Avena	½ taza
Pan integral o de centeno	1 rebanada	Cereal de trigo	¾ taza
Tortilla de 6 pulgadas de diámetro	1 tortilla	Cereales de calabaza amarilla	½ taza

Panqueque o crepé de 4 pulgadas de avena o de trigo	1 panqueque 1 crepé	Pastas, fideos de arroz integral o harina integral o de vegetales	½ taza
Pita pan de 6"	1 pita	Cereal de arroz	1/3 taza

Grupos de vegetales con almidón:

Verduras y vegetales con almidón	Tamaño de la porción 15 gramos de carbohidratos	Vegetales secos	Tamaño de la porción 15 gramos de carbohidratos
Chicharos verdes Calabaza o ayote verde	½ taza ½ taza	Frijoles de cualquier color, chicharos	1/3 de taza
Camote Papa	½ taza ½ taza	Lentejas de los diferentes colores	½ taza
Elote Maíz	½ elote ½ taza	Arroz integral	1/3 de taza
Verduras mixtas (maíz, frijoles verdes, zanahoria)	1 taza	Calabaza o ayote amarillo	½ taza
Yuca o malanga platano verde	¼ de taza ½ taza	Palomitas de maíz con poca grasa	3 tazas

Grupos de Frutas:

Frutas	*Tamaño de la Porción 15 gramos de carbohidratos*	*Jugo de Frutas*	*Tamaño de la porción 15 gramos de carbohidratos*
Banano pequeño Mango pequeño	1 banano ½ mango	Jugo de naranja	½ taza
Melón Sandía	1 rebanada ó 1 taza 1 ¼ taza en cubos	Jugo de piña, maracuyá, guayaba	½ taza
Naranja pequeña Mandarina	1 naranja 2 mandarinas pequeñas	Jugo de toronja	½ taza
Toronja Piña	½ toronja ¾ de taza	Jugo de limón, albaricoque	½ taza
Durazno, melocotón	1 durazno o melocotón	Jugo de frutas mezcladas Jugo de guanábana	1/3 taza ½ taza
Variedad de los diferentes moras o berries	1 taza	Jugos de moras o de los diferentes tipos de moras o berries sin azucar	1 taza

NOTA: Hacer cambios en el estilo de vida es fácil, solo que a veces hemos perdido la motivación y la costumbre de comer frutas, trate de retomar el comerlas por los beneficios que ellas contienen. Las frutas tienen azúcar natural, fibra en la pulpa o algunas en la cáscara que puede comerse y jugo natural lo que le benefician en su alimentación. Los jugos por ser procesados o hechos en casa no tienen fibra, llevan azúcar, y el jugo pierde la calidad por el contenido de agua y la falta de la fibra en ellos. Aprenda a crear sus propios menús variados, agréguele frutas a sus ensaladas. Consulte el libro de cocina adjunto.

Grupo de Verduras y Vegetales sin Almidón:

Contienen verduras o vegetales con pequeñas cantidades de carbohidratos y calorías. Si las va a comer en mayor cantidad tiene que contar los carbohidratos que contienen. ½ taza de verduras cocidas sin almidón equivalen a 5 gramos de carbohidratos, por lo que 1 ½ taza cocida equivalen a 15 gramos de carbohidratos o sea una porción de carbohidratos.

1 taza de verduras crudas equivale a 5 gramos de carbohidratos, por lo que 3 tazas de verduras crudas equivalen a 15 gramos o sea una porción de carbohidratos.

2 tazas de ensalada de repollo, lechuga o espinacas se consideran libres de contar por su bajo contenido de almidón, se pueden agregar como ensalada en el almuerzo y la cena o como una merienda entre las comidas.

Grupos de Vegetales sin Almidón:

Verduras/ vegetales	*Tamaño de la porción 15 gramos de carbohidratos (cocidas)*	*Tamaño de la porción 15 gramos de carbohidratos (crudas)*	*Verduras/ vegetales*	*Tamaño de la porción 15 gramos de carbohidratos (cocidas)*	*Tamaño de la porción 15 gramos de carbohidratos (crudas)*
Brócoli Coliflor	1 ½ taza 1 ½ taza	3 tazas 3 tazas	Apio, hongos, pepino	1 ½ taza	3 tazas
Pipián chayote, frijoles verdes	1 ½ taza de cualquiera de ellas	-	Okra, berenjena,	1 ½ taza	3 tazas
Diferentes tipos de lechuga o repollo	2 tazas crudas se consideran libres	3 tazas	Zanahoria, remolacha rábanos	1 taza -	2 tazas 3 tazas
Tomate, cebolla, pimientos	1 ½ tazas	3 tazas	Verduras mezcladas sin maíz	1 ½ taza	2 tazas

Grupos de la leche y sus Derivados

Mientras más alta sea la grasa en los lácteos mayor será la cantidad de grasas saturadas y colesterol.

Según el contenido de grasa, la leche tiene 3 grupos: Leche sin grasa o baja en grasa de 0 – 3 gramos de grasa por porción = 90 calorías. Leche reducida en grasa de 5 gramos de grasa por porción = 120 calorías. Leche entera de 8 gramos de grasa por porción = 150 calorías.

Leche de vaca 1 taza = 1 porción de carbohidratos de los diferentes tipos de leche sin grasa, reducida en grasa o entera y contenido en grasa y calorías depende del tipo que usted decida tomar.

Leche evaporada ½ taza = 1 porción de carbohidratos. Leche de soya 1 taza = 1/2 porción de carbohidratos. Leche de cabra 1 taza = 1 porción de carbohidratos. Yogurt sin azúcar 6 onzas = 1 porción de carbohidratos. Leche con acidófilos 1 taza = 1 porción de carbohidratos.

Si compra quesos procesados, mantequilla, no coma margarina lea las etiquetas para la cantidad que va a consumir y si los compra de los procesados artesanalmente deberá reducir la cantidad que va a consumir.

Grupos de comidas para aderezos y de especies.

Usar en mínimas cantidades para dar sabor a las comidas. Si se sirve 2 ó más porciones del valor de ellas, tiene que contar la porción de carbohidratos que ellos contienen. Es recomendable introducir el uso de hierbas frescas orgánicas ya que no contienen quimicos y puede disfrutar de mejor sabor en la comida. Hierbas: cilantro, tomillo, oregano, menta, romero, perejil, ver la guía de aprendiendo a comer saludable con sus recetas de cocina..

Comidas sin o reducidas en grasas	Comidas sin azúcar	Bebidas	Condimentos sin sal	Condimentos
Aderezos 1cucharada Aderezo italiano 2 cdas.	Caramelos duros sin azúcar 1	Té helado o caliente diferente sabor sin azúcar	Ajo	Salsa de tomate 1 cda.
Crema acida 1 cda. Crema batida 2 cdas.	Jalea o mermelada baja en azúcar 1cuharadita	Agua de sabores preparadas en casa, café preparado de las diferentes sabores	Especies que no tengan sal (polvo de ajo, apio, pimienta)	Jugo de limón Mostaza, vinagres de los diferentes tipos
Mantequilla 1 cda.	Jarabe de pancake sin azúcar 2 cdas.	Mezclas para bebidas sin azúcar	Hierbas frescas o secas	Encurtidos (cebollas, chile, rábano)
Queso crema	Substitutos vainilla, canela, azucar no procesada	Sopas claras	Salsa inglesa, chile tabasco	Salsa de soya baja en sal 1 cdta.
Mayonesa 1 cdta.	Gelatina sin azúcar ½ taza	Agua mineral	Vinos para cocinar	Salsa mixta ¼ taza

Grupos de Carnes y Sustitutos de las Carnes:

Por lo general un intercambio de carne equivale a 1 onza de carne o 7 gramos de proteínas de pescado, de carne, de aves. Las carnes se dividen de acuerdo a la cantidad de grasa que contienen: muy bajo, bajo, moderado o alto contenido de grasa. Las carnes contienen grasas saturadas, colesterol y son altas en calorías. Los huevos son proteínas: las yemas contienen grasa y colesterol. Se recomienda comer huevos, puede agregar mas huevo a su porción de la parte blanca que es proteína y desechar lo amarillo.

La soya organica y los frijoles son proteínas y carbohidratos por lo que las debe contar en porciones de carbohidratos.

Algunas carnes procesadas contienen carbohidratos, sal y químicos para preservarlos por lo que debe chequear los datos nutricionales, lo mas recomendable es que no las coma y se prepara usted mismo sus carnes libres de químicos, sal y carbohidratos.

Tipo de Carne según el contenido de grasa	Carbohidratos (gramos)	Proteínas (gramos)	Grasas (gramos)	Calorías (gramos)
Muy bajo contenido de grasa	0	7 gr.	0 -1 gr.	35 cal.
Bajo contenido de grasa	0	7 gr	3	55
Moderado contenido de grasa	0	7 gr	5	75
Alto contenido de grasa	0	7 gr	8	100

Grupos de las Grasas:

Las grasas se dividen en 3 grupos: Saturadas, polisaturadas, monosaturadas. Las grasas saturadas llamadas transaturadas. Todas las grasas son altas en calorías. Aprenda a leer las etiquetas para clasificar qué tipo de alimento con grasa va a consumir. El tocino y la mantequilla de maní se encuentran dentro de los intercambios de carne alta en grasa. Las mejores grasas en este momento para cocinar es el aceite de olivo, aceite aguacate, aceite de coco, la manteca de cerdo organico no hidrogenada, el aguacate, la mantequilla.

Revise la información relacionada al colesterol y las grasas, busque en el índice para más información.

ALGUNOS ALIMENTOS CON FIBRA:

Alimentos	Porción de carbohidratos	Calorías	Fibra/ gramos
pan integral	1 rebanada	60	2.1
avena cruda	1/3 taza	105	1.9
cebada	¼ de taza	180	3.3
cereal hojuelas de maíz	1/3 taza	70	9.0
Cereal de diferente contenido leer sus etiquetas	Varía según su contenido	Varía según su contenido	Varía según su contenido
almendras	¼ de taza	200	5.1
pera	1 pequeña	45	2.6
fresas	½ taza	15	4.6
higos	1 mediano	30	2.4
mango	1 pequeño	120	3.0
manzana	1 pequeña	50	2.1
melón	1 rebanada ó 1 ¼ taza	30	1.3

naranja	1 pequeña	40	2.4
banano	1 pequeño	120	3.2
ruibarbo	½ taza	55	2.8
aguacate	½ mediano	240	2.2
apio crudo picado	¼ taza	5	2.5
berenjena	½ taza	15	2.5
brócoli cocido	½ taza	15	3.2
camotes	1 pequeño	130	3.5
repollo cocido / ensalada	½ taza	20 / 60	3.3 / 1.7
coliflor cocida	½ taza	5	1.1
chicharos	¼ taza	143	8.4
maíz / elote	½ taza / mitad	5	2.0
espinacas cocidas	½ taza	25	5.7
frijoles	½ taza	100	9.3
lentejas	¼ taza	145	5.6
papas	1 mediana	105	2.7
tomates	1 mediano	20	2.2
zanahorias	1 mediana	20	2.3
aceitunas	10 medianas	50	2.1
albaricoques secos	¼ taza	60	7.8
nectarina	1 mediana	70	3.0

Requerimientos de fibra por día	
Menores de 50 años:	Mayores de 50 años:
Mujeres: 25 gramos de fibra por día	Mujeres: 21 gramos de fibra por día
Hombres: 38 gramos de fibra por día	Hombres: 30 gramos de fibra por día

Recuerde que los vegetales y las frutas son abundantes en fibra, las cuales las incluirá en su menú, valorando la cantidad de fibra y las porciones de carbohidratos en ellas, siga la guía de algunos alimentos con fibra y carbohidratos en el cuadro anterior para que pueda valorarlos mejor. Los gramos de fibra por día se calculan en las tres o cuatro comidas por dia por ejemplo si usted es mujer menor de 50 años y tiene 25 gramos de fibra por dia y 3 comidas mas una merienda, divida los 25 gramos de fibra entre 4 comidas le corresponde 6.25 gramos por cada comida, este es un ejemplo, pero usted lo varía al momento de hacer su plan de comidas

En general se aconseja un aporte de 30 gramos de fibra por día. Cuando se consume mucha fibra debe de tomar suficiente agua u otros líquidos para evitar el riesgo de obstrucción intestinal. La ingesta de grandes cantidades de fibra tiene efectos perjudiciales, puede disminuir la absorción de ciertos nutrientes como el calcio, zinc y el hierro. Cuando la dieta es pobre en minerales puede favorecer a la pérdida de nutrientes. Los alimentos ricos en fibra se calculan en las comidas que va a tener por día. La fibra disminuye la velocidad de absorción de los carbohidratos evitando el aumento brusco del nivel de glucosa después de comer.

DIABETES GESTACIONAL

La diabetes gestacional: es una forma temporal de diabetes que ocurre entre las 24th y 28th semanas de gestación y en la parte final del embarazo. El cuerpo usa la glucosa para obtener energía, tener altos niveles de azúcar en la sangre puede dañar el cuerpo de la embarazada y también al bebé.

Causa de la diabetes gestacional: Durante un embarazo saludable hay cambios en los niveles de las hormonas en la sangre; y en el aumento normal de peso en el embarazo. La placenta produce hormonas que actúan en contra de la acción de la insulina, reduciendo su efectividad. Entre las 24 y 28 semanas de embarazo estas hormonas se encuentran en el nivel más alto, el páncreas es capaz de producir insulina adicional, pero algunas veces no, por lo que la glucosa en sangre aumenta ante la inhabilidad de la insulina de convertir la glucosa en energía para la célula.

Dependiendo del riesgo de tener diabetes gestacional su médico decidirá cuándo necesita la prueba del nivel de glucosa.

Si usted es de riesgo alto posiblemente la prueba será en la primera consulta prenatal y luego a las 24 y 28 semanas del embarazo. Si usted es de riesgo promedio, le harán la prueba entre las 24 y 28 semanas del embarazo. Algunas normas de atención a la mujer embarazada recomiendan incluir el examen de glucosa en los exámenes de rutina del primer trimestre del embarazo.

Formas de diagnóstico de la diabetes gestacional:

Le realizarán un examen de glucosa en sangre estando en ayunas. Para la prueba de tolerancia a la glucosa le darán a tomar una bebida muy dulce y luego le harán pruebas del nivel de glucosa en sangre tres veces a un intervalo de 1, 2, y 3 horas. Antes de tomar la bebida dulce usted no podrá comer ni beber nada durante 8 horas.

Resultados de la prueba de tolerancia oral a la glucosa:
En ayunas   95 o más
1 hora después   180 o más
A las 2 horas   155 o más
A las 3 horas   140 o más

Nota: algunos laboratorios usan otros números para esta prueba. Estos números corresponden a una prueba que usa una bebida con 100 gramos de glucosa.

Efectos de la diabetes gestacional en la madre:

Presión arterial alta.
Le harán una posible cesárea si el bebé es grande o si el bebé nace prematuro.
Infecciones frecuentes en las vías genitales y urinarias.
Infección en la piel, la boca o pérdidas de piezas dentales.
Un incremento en el riesgo de tener diabetes gestacional en los siguientes embarazos, o tardíamente en la vida de la mujer o después del embarazo. La diabetes del embarazo desaparece después del parto.
La diabetes gestacional es una afección grave y puede no tener síntomas.

Estos efectos también pueden ocurrir en la madre con diabetes tipo 1 y 2.

Aumento saludable de peso durante el embarazo:

Peso antes del embarazo	Aumento de peso recomendado
Peso Normal	25 – 35 libras
Bajo Peso	28 – 40 libras
Sobre Peso	15 – 25 libras
Obesa	15 libras
Embarazo de Gemelos	35 – 45 libras

Efectos de la diabetes gestacional en el bebé:

La diabetes gestacional que no se trata o que no se controla bien puede causarle problemas al bebé.
A los bebés que obtienen mucha glucosa de la madre se acumula en forma de grasa alrededor de sus hombros y en el tórax, y puede hacer difícil del parto vaginal. El bebé es grande con sobrepeso.
Daño en el hombro durante el parto.
Baja de azúcar o hipoglicemia seguido al nacimiento en el bebé.
Alto riesgo de obesidad y diabetes tipo 2 durante la vida del bebé.
Ictericia (coloración amarilla de la piel) 2 ó 3 días después del nacimiento.
Problemas respiratorios.
Aumenta el riesgo de tener defectos congénitos.

Efectos de la diabetes tipo I en la madre:

Amenaza de parto prematuro o parto prematuro.
Posible cesárea, presión arterial alta, cetonas en sangre, enfermedad en los ojos y enfermedad reversible en los riñones.

TRATAMIENTO DE LA DIABETES GESTACIONAL:

La meta del tratamiento es mantener la glucosa en los niveles normales.
Un plan para comer de forma saludable ayudará a mantener los niveles de glucosa deseados.
El nutricionista le dará consejos de no comer muchos dulces, comer tres comidas por día y tres meriendas por día. Contar los carbohidratos e incluir fibra en sus comidas.
La actividad física que incluya caminar y nadar, su equipo médico le aconsejará qué tipo de actividad física deberá hacer.
Algunas mujeres necesitan insulina para lograr los niveles deseados de glucosa en sangre.
Niveles de glucosa en sangre en la diabetes gestacional:
Al levantarse o en ayuna glucosa no mayor de 95 mg/dl.
1 hora después de una comida glucosa no mayor de 140 mg/dL.
2 horas después de una comida glucosa no mayor de 120 m/dL.

Puede que su doctor le indique hacerse las pruebas varias veces al día, al levantarse, 2 horas después del desayuno, almuerzo o cena. Anote los resultados de glucosa en sangre en el libro de registros; su doctor le dará seguimiento.

Plan de Comidas Saludables para el control de la glucosa en sangre:

La embarazada necesita 3 comidas saludables al día y 3 meriendas saludables entre las comidas usando una variedad de alimentos de los grupos de alimentos que le hemos proveído en este libo. Por ejemplo: Desayuno al levantarse, merienda a media mañana, almuerzo al medio día, merienda a media tarde, cena en la tarde y una merienda dos horas antes de ir a dormir esta ultima merienda le ayudará a evitar que los niveles de azúcar en la sangre sean muy bajos durante la noche.

Ejercicio:
Pregúntele a su doctor si puede hacer ejercicios para la embarazada, si él dice que sí, usted debe recibir una clase de ejercicios para la embarazada con el personal de control prenatal. El hacer ejercicio disminuye los niveles de glucosa en sangre y le ayudará para el momento del parto. Cuando planee hacer más ejercicio de lo habitual, coma una merienda media hora ante de hacer el ejercicio. Algunas sugerencias: ½ sándwich de pollo o queso, ó 1 vaso de 8 onzas de leche, ó 1 porción de frutas.

TRATAMIENTO DE LA DIABETES GESTACIONAL CON INSULINA:

No deben usarse tabletas orales para el control de la diabetes gestacional porque estas atraviesan la barrera placentaria afectando al bebé. El tratamiento de elección es la insulina, y se administra según el peso corporal de la embarazada dividida en 3 ó 2 dosis dependiendo del tipo de la insulina a usar. Iniciar con dosis bajas y ajustar según la respuesta del organismo, la dieta y el ejercicio. No se automedique pues su doctor le hará la mejor elección del tratamiento que necesita.

Ajustes en la insulina

Nombre de la Insulina	Tipo de Insulina	Comienza a actuar en el cuerpo	Baja al máximo el azúcar en la sangre	Termina su acción
Regular	Acción Rapida	30 minutos	2 – 4 horas	6 – 8 horas
NPH o Lenta	Acción Intermedia	1 – 3 horas	4 – 10 horas	16 – 24 horas

NOTA: El embarazo es una condición fisiológica normal en la mujer, cuando aparece un trastorno anormal en el desarrollo del mismo pone en riesgo tanto a la madre como al bebé. La diabetes gestacional hace un embarazo de alto riesgo, el no tener controlada el azúcar en la sangre las infecciones por hongos y bacterias se hacen más difíciles de curar.

HIPOGLICEMIA:

La hipoglicemia es la reacción de la baja de azúcar en la sangre.

Mantenga un balance entre el ejercicio y la insulina recuerde que puede bajarle el azúcar, mientras que los alimentos la aumentan. Los síntomas más comunes de baja de azúcar son: hambre repentina, dolor de cabeza, sudoración fría, temblor, palpitaciones, mareos, fatiga, e irritabilidad.

Tratamiento para la hipoglicemia:

Revisar sus niveles de azúcar en sangre, si están por debajo de 70mg/dL ingiera 15 gramos de carbohidratos, puede tomar10 onzas de leche ó 4 onzas de jugo, espere 15 minutos y vuelva a chequear sus niveles de azúcar, si mantiene los niveles bajos repita 15 gramos más de carbohidratos.

Cuando haga ejercicio lleve con usted una fruta ó 3 tabletas de glucosa para tratar la baja de azúcar si se presenta. Comer las comidas que le corresponden y use la lista de alimentos que puede usar para tratar la hipoglicemia.

Pruebas para medir cetonas:

Las cetonas aparecen cuando su cuerpo comienza a utilizar la grasa en vez del azúcar para energía y el resultados es que se forman unas substancias débiles de ácidos que se excretan por la orina. Las cetonas aparecen en la orina cuando la glucosa en sangre esta fuera de control, no consumió suficientes carbohidratos, estuvo largo período sin comer por más de 10 horas, no consumió suficientes calorías u omitió una comida o merienda. La cetosis o cetonas en la sangre pueden también causar daño al bebé.

Control de la glucosa antes de embarazarse:

3 meses de un buen control de los niveles de glucosa en sangre antes de embarazarse equivalen a: Prevenir defectos del nacimiento o de pérdida del bebé por aborto espontáneo. Los órganos del bebé como el cerebro, el corazón y otros órganos se forman en las primeras semanas del embarazo; y puedes no saber que estas embarazada cuando estos órganos se están formando. Los niveles elevados de glucosa en la sangre pueden causar daños a los órganos del bebé que se están formando.

Por tu salud asegúrate de ver a:
Tu doctor: el necesita chequear tu nivel de azúcar en la sangre, tu presión sanguínea, tu corazón y riñones para saber si pueden soportar el estrés del embarazo.
Tu oftalmólogo: necesita chequear tus ojos para saber si no hay problemas ocasionados por la diabetes y para corregir los problemas existentes.
Tu dentista: necesita chequear si tienes problemas dentales que puedan dificultar el control de los niveles de glucosa en sangre y corregir las caries y otros procesos de decalcificación, inflamación e infección de los dientes.
Cómo saber si aún tiene diabetes después del parto:
Para saber probablemente le hagan una prueba de glucosa en sangre 6 a 12 semanas después de que nazca su bebé.
Después del parto puede hacer muchas cosas para evitar o retrasar la aparición de la diabetes tipo 2, logre y mantenga un peso adecuado, realice actividad física, siga un plan de alimentación saludable.
Prueba de diabetes o pre diabetes cada 1 ó 2 años y educación en salud sobre la diabetes para prevenirla.
El riesgo que corre su hijo de padecer diabetes tipo 2 posiblemente sea menor si usted da pecho a su bebé y si su bebé mantiene un peso corporal saludable.

Planea tus embarazos:

Pregúntale a tu doctor sobre los métodos de planificación familiar que mejor se acomoden a tu persona. Existen diferentes métodos desde los más simples y no dañinos a la salud a los más sofisticados que pueden tener efectos no deseados en la salud de la mujer. Toma en cuenta que tu embarazo requerirá de trabajo extra, tiempo, dinero, y de apoyo por parte de tu familia y amigos.
EL TRABAJO EXTRA VALE LA PENA. Una mamá saludable con un bebé saludable.

DIABETES MELLITUS EN NIÑOS Y ADOLESCENTES

Importancia de la Educación en Niños con Diabetes:

Cuando su niño ha sido diagnosticado con diabetes hay muchas cosas que manejar, se necesita de entrenamiento para el manejo de la diabetes, los niños son los mejores disciplinados en seguir orientación para el control de su diabetes y necesitan de la ayuda de todo un equipo de personas que se relacionan con ellos. Para esto necesitará del apoyo que le brindará un equipo de salud entrenado para el manejo y control de la diabetes. Adaptarse al equipo de cuidados de salud para un buen control de la diabetes. El niño necesitará de la ayuda de sus padres y de la familia.

Para iniciar el entrenamiento en el manejo de la diabetes en el niño le requerirá de tiempo necesario para aprender en los días siguientes al diagnóstico. La familia iniciará un proceso de aprendizaje de la diabetes y su manejo. Es común en los padres el estrés al querer aprender todo lo posible debido al miedo de hacer algo que pueda dañar al niño.

El primer día de aprendizaje se tratan los siguientes temas: que es la diabetes, prueba de los cuerpos cetónicos en la orina, prueba de glucosa en la sangre, diagnóstico y tratamiento de la baja de azúcar, el uso de la terapia con insulina y dieta. El manejo de los días de enfermedad no controlada y de la cetoacidosis diabética.

El segundo día se revisan los temas del primer día y un miembro de la familia aplica la inyección una vez que fue entrenado por la enfermera; y se continúa con la educación en diabetes sobre nutrición, efectos psicológicos, ejercicio, plan de tratamiento, y plan escolar.

Al tercer día se revisan los temas anteriores y entrenamiento de lo aprendido, se continúa con la educación y se programan las siguientes citas incluyendo el seguimiento con el pediatra o el especialista que lo está tratando.

No hay límites en el aprendizaje del manejo de la diabetes, se tomarán tantas clases como sean necesarias para aprender a manejar la enfermedad. Recuerde que un buen entrenamiento en el manejo de la dieta será de un alto beneficio en la prevención de las complicaciones de corto y largo plazo.

Retos del cuidado y manejo de un niño con diabetes:

Los grandes desafíos que enfrentan los cuidadores de los párvulos y de los bebés se presentan cuando éstos no pueden expresar lo que sienten y la necesidad de un buen entrenamiento para el manejo de su diabetes. La dependencia del niño de sus padres y de los profesionales de la salud para controlar la diabetes.
La irregularidad de su alimentación y sus niveles de actividad.

La dificultad de los cuidados de restringir un comportamiento normal de los cambios de humor de origen diabético relacionados a descompensación metabólica o a la hipoglicemia o baja de azúcar.

Retos en el cuidado y el manejo de los niños en edad escolar:

Los cambios que el niño hará al adaptarse del entorno familiar al escolar. El inicio de nuevas relaciones con otros niños y sus maestros. El gran reto de aprender por ellos mismos a controlar su diabetes; a tener una buena comunicación con el personal que lo atiende en la escuela y de adaptar su diabetes al entorno escolar.

Retos del cuidado y manejo de los adolescentes:

Una mayor resistencia de las células del cuerpo a la insulina vinculada a los cambios hormonales y al desarrollo en la pubertad. El reto del aumento en el consumo de calorías versus ejercicio o deporte a realizar. Los retos de manejar los efectos psicológicos de la enfermedad hacen que aumente el riesgo de depresión, de ansiedad, de baja autoestima y del aislamiento. La transición a los servicios para el adulto se realiza bajo tensión y ansiedad donde adquiere sus propias responsabilidades del manejo y cuidado de la diabetes que padece.

LA DIABETES TIPO 1 Y 2 EN LOS NIÑOS Y ADOLESCENTES:

La diabetes tipo 1; llamada infantil, juvenil, o insulinodependiente es una enfermedad autoinmune que se produce por la destrucción de las células betas productoras de insulina en el páncreas. Se debe administrar insulina para poder seguir con vida y la cetoacidosis diabética es la complicación de urgencia que se presenta. El diagnóstico se hace por la aparición súbita de la diabetes.

La diabetes tipo 2 en los niños es la inhabilidad de usar la insulina que produce el páncreas en el cuerpo, la insulina no funciona de forma adecuada en las células del cuerpo. La producción de insulina puede ser normal o alta pero las células del cuerpo no pueden usar la insulina o son resistentes a la insulina. El diagnóstico se hace por la aparición progresiva de la diabetes. En la actualidad, la diabetes tipo 2 en los niños y adolescentes ha aumentado en mayores proporciones debido al sobrepeso y obesidad.

Factores de Riesgo de la Diabetes Tipo 1:

Factor genético: Herencia familiar directa padre y madre. Más de la mitad de las personas con diabetes tipo 1 tienen el tipo de célula DR3/ DR4 de los padres.

Factor auto alérgico o autoinmune: el organismo desarrolla una alergia contra una de sus propias partes. En este caso, la alergia se desarrolla contra las células de los islotes del páncreas donde se produce la insulina. La presencia de anticuerpos en la sangre en contra de las células de los islotes del páncreas indica que las células de los islotes han sido dañadas. A veces estos anticuerpos están presentes por muchos años antes de que aparezca la diabetes. La mitad de las personas que algún día desarrollarán diabetes tipo 1 ya han tenido anticuerpos desde hace un año. Estudios para detectar estos anticuerpos han permitido prevenir la diabetes tipo 1 en USA y Europa.

Un virus o sustancia química: Una determinada composición genética puede permitir que un virus o una sustancia química penetre en las células de los islotes y cause lesiones produciendo una auto alergia.

Factores de Riesgo de la Diabetes Tipo 2:

Historia familiar de diabetes tipo 2.

Sobrepeso u Obesidad y se considera una enfermedad del estilo de vida. Los niños obesos pueden mostrar evidencia de Acanthosis Nigricans que son condiciones asociadas con la resistencia a la insulina y el Síndrome Metabólico X con obesidad, trastornos de los lípidos o grasas e hipertensión.

La pubertad por si misma está asociada con un incremento en la resistencia a la insulina.

Los exámenes de laboratorio de los niveles de C peptide y de los anticuerpos en las células de los islotes del páncreas ayudan a distinguir la diabetes tipo 1 de la diabetes tipo 2.

CAUSAS DE LA DIABETES TIPO 1 Y 2:

Tipo 1: Inhabilidad de las células betas de los islotes del páncreas de producir insulina para la conversión de glucosa en energía para la célula. Tipo 2: La producción insuficiente de insulina por el páncreas y la resistencia de las células del cuerpo a la insulina producida por el páncreas.

Síntomas de la Diabetes Tipo 1 y 2:

Tipo 1: orina con frecuencia, sed excesiva, pérdida de peso, demasiada hambre, cansancio, falta de interés y concentración, vómitos, dolor de estómago, signos de cetoacidosis diabética cuando no ha sido diagnosticado y llega de emergencia.

Tipo 2: puede no presentar los síntomas anteriores, y a veces va acompañado de aumento de peso y signos de resistencia a la insulina.

Pruebas para Determinar la Presencia de Cetonas en la Orina:

Eliminar las cetonas de la orina es el primer objetivo cuando se inicia el tratamiento en niños diagnosticados con diabetes. El segundo objetivo es la disminución de los niveles de azúcar.

Prueba con cintas Ketostik (resultados en 15 segundos) y/o Chemestrip K (resultados en 60 segundos) para buscar cetonas en la orina. En el laboratorio también se puede obtener a través de la sangre.

Se sumerge el extremo indicado en la orina colectada y luego los cambios del color de la cinta se comparan con la tabla que trae adjunta en la caja de las cintas: negativo, rastros, pequeña, moderada, o gran cantidad.

Prueba del Nivel de Glucosa en Sangre:

El nivel normal de azúcar en la sangre es 70-100 mg/dL (3.9-6.6 mmol/L). El nivel de azúcar en la sangre varía según la edad. Se recomienda hacer la prueba 3 a 4 veces al día; generalmente antes de cada comida y al acostarse, debe realizarse todos los días en ayunas.
300 – 800 mg/dL (16.7-4.4 mmol/L) Muy alto
200 – 300 mg/dL (11.1-16.7mmol/L) Alto
Mayor de 120 mg/dL (>6.6 mmol/L) Varia según la edad

VALORES DESEADOS PARA UN BUEN CONTROL DE AZUCAR EN LA SANGRE:

80 – 200 mg/dL (4.5-11.1 mmol/L) menores de 5 años.

70 – 180 mg/dL (3.9-10 mmol/L) de 5 a 11 años.

70 – 150 mg/dL (3.9-8.3 mmol/L) 12 años o mayor.

Por debajo de 60 mg/dL (< de 3.2 mmol/L) nivel bajo.

Para hacer la prueba del azúcar en sangre se necesita de un medidor de glucosa, lancetas, perforador para el dedo, la cinta para la prueba, algodón con alcohol, un contenedor de plástico para las lancetas y cintas usadas, el lápiz y el libro de registro.

Como se realiza la prueba de glucosa en sangre:

Ajuste el dispositivo para lancetas a la profundidad deseada para obtener una gota de sangre. El dispositivo tiene un regulador del tamaño de la aguja del 1 al 5. Lavarse las manos. Puede usar una mota de algodón con alcohol.

Pichar al lado del dedo o en la punta, pero no en la yema. Rote a diferente dedo cada vez que va a hacerse la prueba. Si tiene dificultad en obtener la gota de sangre coloque la mano hacia abajo y exprima el dedo. Utilice el libro de registro para anotar los resultados.

La diabetes y el control del nivel de azúcar en la sangre:

Los 4 factores que tienen impacto sobre el control del azúcar son: la dosis de insulina, la dieta, el ejercicio y el estrés.

> **Valores normales y aceptables de Hemoblobina A1c en niños y adolescentes:**
>
> Normal (no diabetes) HA1c: 4.3 a 6.2%
>
> *Personas con diabetes:*
>
> 19 años o mayor menos del 7.0%
> 13 – 19 años menos del 7.5%
> 6 – 12 años menos del 8.0%
> Menos de 6 años 7.5 a 8.5%

Baja de Azúcar en la Sangre también llamada Reacción a la Insulina:

Nunca se administre insulina antes de darse un baño caliente. El aumento de la circulación en la piel puede causar que la insulina se absorba rápidamente y como resultado una reacción severa a la insulina. Los síntomas de la baja de azúcar, hipoglicemia o una "reacción" varían según el nivel de azúcar. Estos síntomas se clasifican en leves, moderados y severos.

Los síntomas más frecuentes son hambre, temblor, frío y sudoración, debilidad, somnolencia, cambios en el comportamiento y visión doble.

Cuando el nivel de azúcar baja por las noches, los síntomas pueden ser los mismos e incluso se presentan acompañados de despertar repentino, llanto o pesadillas, debe atenderse inmediatamente ya que puede haber pérdida del conocimiento o convulsión (ataque). Siempre tenga a su alcance una fuente de azúcar y use identificación médica de ser diabético.

HIPOGLICEMIA LEVE:

Glucosa en sangre: Menos de 60 mg/dL. (3.2 mmol/L)
Nivel de cuidado: Alerta
Síntomas: temblor, hambre, fatiga, debilidad, se encuentra pálido y frío, tiene cambios de comportamiento.
Tratamiento: Hacer la prueba de azúcar. Dar 4 a 6 onzas de jugo, espere 10 a 20 minutos. Repita la prueba si está por debajo de 70 mg/dL administre igual cantidad de jugo, realice la prueba en 20 minutos. Si está arriba de 70 mg/dL y todavía no es hora de una merienda o de su tiempo de comida, ofrezca una merienda con proteína con mantequilla de maní o queso y galletas. Tiempo de recuperación: 20 minutos.

HIPOGLICEMIA MODERADA:

Glucosa en sangre: Menos de 60 mg/dL (3.2 mmol/dL)
Nivel de cuidado: Estar alerta, necesita ayuda de otros, evaluar el nivel de conciencia y orientación, evaluar el riesgo de ahogarse. Es esencial que un adulto esté involucrado en el cuidado.
Síntomas: los síntomas de hipoglicemia leve más poca concentración, incapacidad para terminar sus tareas, confusión.
Tratamiento: Hacer la prueba de azúcar en la sangre, administrar 4 a 6 onzas de jugo en caso de que la persona pueda tragar, o administrar Insta glucosa, si existe el riesgo de ahogarse; colocar entre las encillas y en la parte interna de la boca y pedir que trague.
Esperar 10 minutos, y continuar con el plan de hipoglicemia leve, hasta que se encuentre el nivel de azúcar por encima de 70mg/dL. Tiempo de recuperación: 20 a 30 minutos.

HIPOGLICEMIA SEVERA:

Glucosa en sangre: Menos de 40 mg/dL (2.2. mmol/L).
Nivel de cuidado: Pérdida del conocimiento, convulsión (ataque). No responde, existe el riesgo de ahogarse. No administre nada por la boca.
Síntomas: Los anteriores más la pérdida del conocimiento y convulsiones (ataques).
Tratamiento: Hacer la prueba de azúcar en la sangre. ADMINISTRAR GLUCAGON, este puede administrarse con una jeringa de uso subcutáneo como la de la insulina. Continuar con el tratamiento. Para administrar este tratamiento debe el familiar debe ser entrenado por el médico y pedir ayuda de emergencia.

Chequear el nivel de azúcar cada 10 a 20 minutos. Repetir dosis de glucagon si el nivel de azúcar sigue por debajo de 70mg/dL. Se aconseja llevarlo al médico o a la emergencia. Existe el riesgo que baje el azúcar en las siguientes 24 horas, regular la dosis de insulina y chequear la ingestión de alimentos. Tiempo de recuperación: Los efectos residuales pueden durar de 2 a 12 horas. Es probable que tenga que ser atendido en emergencia.

CETONURIA Y ACIDOSIS DIABETICA:

La cetonuria y acidosis diabetica es la principal causa de muerte y discapacidad en niños con diabetes tipo 1 en todo el mundo. El índice de mortalidad es del 100% si no se trata. Del 60% al 90% del total de fallecimientos por cetonuria y acidosis diabetica son a consecuencia de edema cerebral e inflamación del cerebro. Es una complicación que solo se desarrolla en niños.

Las causas principales de la cetonuria y acidosis diabetica son no haber sido diagnosticado que tiene diabetes tipo 1 y llega a la emergencia en descompensación metabólica, en los ya diagnosticados debido a que olvidaron la administración de la dosis de insulina, por enfermedad ya sea infecciones, estrés, o por insuficiente dosis de insulina. La cetoacidosis diabética es una consecuencia potencialmente letal de diabetes tipo 1 no tratada o mal controlada.

La cetonuria y acidosis diabetica se produce porque el organismo cuenta con poca o ninguna insulina que ayude a los órganos y tejidos a absorber la glucosa en forma de energía, como resultados el organismo descompone su propio recurso alternativo de las grasas.

La degradación de las grasas genera unos productos de desechos denominados cetonas, al acumularse las cetonas en la sangre causan la aceleración de la respiración, el aumento del ritmo cardíaco, el aliento afrutado, dolor abdominal, vómitos y cansancio con cetoacidosis discreta. Los síntomas de la diabetes van acompañados de los síntomas de la cetonuria como son dolor de estómago, vómitos o un olor dulce en el aliento, trastorno en las respiraciones y acidosis metabólica.

La cetonuria y la acidosis diabetica se puede prevenir en el 95% de las veces si se sigue un buen control y manejo de la diabetes. La cetonuria y la acidosis diabetica se puede prevenir si la familia verifica si hay presencia de cuerpos cetónicos en la orina y el aumento de la glucosa en sangre de 240 mg/dL (13.3 mmol/L) en ayunas y/o durante el día o acompañado con cualquier enfermedad, aún si esta asintomático o vomita solo una vez.

Debe contactar a su servidor de salud para decidir si va a ser ingresado en una unidad hospitalaria o si le administrará dosis adicionales de insulina de acción rápida hasta que las cantidades moderadas o mayores de cuerpos cetónicos desaparezcan de la orina. Se recomienda no hacer ejercicio ya que las cantidades de cuerpos cetónicos aumentarían debido a la degradación de grasa para la obtención de energía.

Se recomienda mantener el nivel de azúcar al máximo nivel de los valores deseados para poder administrar la cantidad suficiente de insulina y de esa manera detener la producción de cetonas sin que se produzca hipoglicemia. Mantenga siempre alerta con su doctor y equipo de atención para su niño o adolescente.

CONSIDERACIONES QUE DEBE TENER ACERCA DEL TRATAMIENTO DE LA CETOACIDOSIS DIABETICA:

Dependiendo del estado de descompensación metabólica se iniciará el tratamiento.

El ingreso a una unidad hospitalaria y evaluación por el pediatra y el endocrinólogo.

La aplicación de una solución intravenosa para hidratar, para la administración de medicamentos a través de la solución intravenosa y la reposición de electrolitos.

El inicio o modificación de la terapia con Insulina según esquema y peso, vigilando por reacción a la insulina o hipoglicemia. Si es un joven con diabetes tipo 2 y está recibiendo metformina debe detenerse su administración ya que puede desarrollar acidosis láctica debido a alteración de la función hepática, le van iniciar terapia con insulina durante la enfermedad y luego volverá a continuar con tratamiento oral; su doctor le evaluará su tratamiento.

Le administrararán medicamentos para tratar infecciones o enfermedades agregadas vigilando por efectos colaterales.

Le tratarán las complicaciones como es la baja de azúcar, la baja de potasio, y el edema cerebral.

Le harán exámenes de laboratorio de control y de manejo de la enfermedad.

Su doctor le recomendará ofrecer jugo de naranja, suero oral o algún refresco azucarado para evitar la hipoglicemia.

Recuerde que los niños con diabetes también se enferman igual que los otros niños. Si el niño es enviado a casa con prescripción médica, o el doctor le dice que no necesita ir al hospital porque tiene una cetonuria y acidosis diabética leve a moderada siga el plan de su médico. Continúe haciendo las pruebas para detectar cetonas en la orina y/o en la sangre y del azúcar en la sangre.

Reciba entrenamiento para el manejo de los días de enfermedad del niño o adolescente, trabaje con su doctor y el nutricionista. El apoyo de la familia es muy importante para los niños y jóvenes con diabetes. Es importante que a los niños con diabetes se les dé un trato igual al de otros niños.

TRATAMIENTO CON INSULINA EN NIÑOS Y ADOLESCENTES:

Se recomienda consultar con el pediatra y el endocrinólogo. Las preparaciones de insulina son estándares, lo que varía es el esquema a usar en los niños y adolescentes. Son de uso delicado y de reacciones adversas por lo que todo padre tiene que mantener una estrecha relación con el personal de salud que atiende a su hijo.

En la actualidad, la bomba de insulina es una micro-computadora que envía una dosis basal cada hora y la dosis del bolo alimenticio que ajusta previamente el usuario, para cubrir los alimentos o un nivel alto de glucosa en sangre. Una bomba de insulina puede ayudar a mejorar el control del azúcar en el adolescente y adulto joven, aunque su costo en el control de la diabetes muchas veces es inaccesible.

LAS COMPLICACIONES A LARGO PLAZO DE LA DIABETES EN NIÑOS Y ADOLESCENTES:

Se ha demostrado que tener un buen control de los niveles de azúcar en la sangre reduce el riesgo de las complicaciones de la diabetes en los ojos, los riñones, el cerebro, el corazón y los nervios hasta en un 50%. La diabetes complica todos los órganos del cuerpo si no se previenen o mejoran los niveles de glucosa en sangre.

Los problemas de la tiroides y el síndrome celiaco son dos complicaciones que se presentan en algunas personas con diabetes y se deben a un proceso autoinmune, en el síndrome celíaco se desarrolla una alergia a la proteína del trigo llamada gluten. Para obtener más información sobre la prevención de las complicaciones de largo plazo consulte al doctor para ser evaluado y en que va a trabajar más en su control.

DESCUBRA SUS ABILIDADES DE PREPARAR SU PLAN DE COMIDAS PARA CONTROLAR LA DIABETES Y SUS COMPLICACIONES

APRENDA A COMER SALUDABLE Y MANTENGASE ACTIVO PARA CONTROLAR SU DIABETES.

Lograr hacer cambios en su estilo de vida requiere de adquirir nuevos conocimientos para lograrlo, dedicación, motivación y esfuerzos, apoyo familiar y del personal de salud, así como de la evaluación de los cambios de salud al introducir un nuevo estilo de vida saludable. Los cambios en el estilo de vida se producen al introducir en su rutina diaria una alimentación balanceada que contenga de los diferentes grupos de alimentos o que tenga conocimiento de los grupos de alimentos que están a su alcance en los mercados locales, inicio de una actividad física combinada con ejercicios, metas de como mantener las medicinas completas para la enfermedad que está previniendo o controlando y de mejorar el estado de su salud mental.

El nuevo concepto de dieta es aprender a comer alimentos saludables, comer las porciones o calorías que necesita según su peso, talla y actividad física que realiza. Para tener buenos resultados al iniciar un plan de comida es necesario conocer algunos términos usados en la manipulación de alimentos, conocer el sistema de medidas de alimentos, aprender a cocinar los vegetales secos, verduras frescas, ensaladas y alimentos en general.

Inicie el proceso de aprender a cocinar los alimentos de diferentes formas eliminando la cantidad de grasas que estos productos tienen, eliminando la piel en el pollo u otras aves que consuma, eliminar las grasas que traen las carnes y cocinarlos asados, a la parrilla, al vapor, horneados o con muy poca o sin grasa. Lavar los diferentes tipos de carnes para eliminar toda suciedad que traen producto de la manipulación durante su elaboración y para que las carnes queden preparadas para una mejor absorción de las especies que va a usar y asi disminuir la cantidad de sal al cocinarlos.

Utilice especies naturales frescas o secas para condimentar sus alimentos de esta manera le dará mejor sabor a sus alimentos y necesitará de menos sal para cocinarlos. Puede usar albahaca, orégano, cilantro, menta, tomillo, comino, achiote, ajo, cebolla, jengibre, pimentón verde, amarillo o rojo, tomate, achiote, apio, perejil, comino, hojas de laurel, vainilla, cacao, canela, frutas secas, semillas secas como girasol, nueces, almendras, ajonjolí, marañon y otras especies frescas que encontrará en los mercados. Aprenda a seleccionar sus alimentos en los mercados adquiriendo alimentos orgánicos, pues estos no llevan en su mayoría químicos.

Prepare sus propias vinagretas para ensaladas y vegetales, en este adjunto encontrará ejemplos de vinagretas con aceite de olivo, aceite de ajonjolí, aceite de almendras, y aceite coco. Recuerde que las vinagretas preparadas de venta en el mercado también tienen alto contenido de grasa, colesterol y sal. En una dieta saludable no es recomendable introducir embutidos o algunos tipos de jamones ya que estos son carnes compresas que contienen mucha sal, son elaborados de diferentes tipos de carnes y algunos contienen vísceras con alto contenido de colesterol, grasas y aditivos para preservarlos. Es mejor que usted prepare su propio bistec previamente marinado a su gusto ya sea de carne, pollo, pavo, pescado u otros tipos de carnes. Al hacer este tipo de modificaciones usted estará comiendo mejor, eliminará el excesivo consumo de sal, comerá menos grasas, menos colesterol y menos aditivos que también son dañinos para su salud.

Utilice el sistema de medidas de tazas, de cucharas y de litros para la elaboración de sus comidas, el objetivo es aprender a preparar alimentos tradicionales con las especies naturales y preparar el menú balanceado y variado, cuando medimos lo que nos corresponde estamos comiendo las calorías y porciones que realmente el cuerpo necesita, si no lo hace se cometen dos errores, o no está comiendo lo suficiente o está comiendo demasiado. Es importante para las personas con diabetes o con enfermedades cardiovasculares aprender a medir y calcular sus calorías requeridas. Aprenda a cocinar para toda la familia; una dieta saludable es de gran beneficio para todos, con ello estarán previniendo las enfermedades crónicas sobre todo la diabetes y enfermedades cardiovasculares que tienen un factor de riesgo hereditario, se mantendrán saludable y brindarán apoyo al ser amado que necesita hacer su dieta.

La guía de los alimentos es una guía básica que nos enseña todos los grupos de alimentos y su uso en el plan de comidas, en ella explica los diferentes grupos de carbohidratos, proteínas y grasas de los alimentos. Los grupos de carbohidratos son todos los almidones, frutas, vegetales y verduras con o sin almidón, y los lácteos. Las proteínas son todas las carnes, pollo, pescado, pavo, huevo, maní, nueces, almendras, maranon, ajonjolí, y otras semillas de la misma familia, los frijoles de diferentes variedades, lentejas de diferentes variedades y garbanzos, asi como las soyas son de origen vegetal estos últimos al momento de medirlos en la dieta se cuentan como carbohidratos, aunque también son proteínas.

Se recomienda tener tres tiempos de comida por día y una merienda por la noche si la necesita; tener un horario para sus comidas y no se deben de saltar comidas, se debe desayunar y cada tiempo de comida debe tener por lo menos un espacio entre comidas de 5 horas, si necesita una merienda entre comidas puede tener ensaladas, vegetales crudos en pocas cantidades y líquidos sin azúcar. No se recomiendan las gaseosas (sodas) originales ni de dieta ya que estas son aguas bicarbonatadas con azúcar, contienen sodio y cafeína por lo que no son de beneficio para la salud. Incluya frutas frescas, té o agua. En algunos casos donde a la persona el doctor o la nutricionista le indica 6 comidas por día, puede incluir los jugos de vegetales y de frutas entre las comidas.

El diario que introducimos en este libro de cocina es para aprender a desarrollar una rutina saludable que le ayudará a hacer cambios en su estilo de vida. También introducimos un ejemplo de 7 días de menú de 15 a 16 porciones de carbohidratos por día, en este ejemplo observará como se hace un plan de comidas y como se cuentan los carbohidratos. 15 a 16 porciones de carbohidratos es para un hombre que no tiene actividad física activa, si es mujer debe restar una porción de carbohidratos por tiempo de comida, es decir para una mujer que no es activa son 13 a 15 porciones de carbohidratos por día. En este ejemplo de menú usted puede variarlo introduciendo los alimentos saludables que a usted le gustan, este menú es para ejemplo de como contar sus porciones de alimentos y guía para hacer sus planes de comida.

MI DIARIO Y MI META

Escriba sus metas para cada semana y cada mes y asegúrese de hacer algo especial cuando logre su meta. A continuación, le instruimos como planear y realizar sus metas a través de una costumbre que irá adquiriendo al usar este diario:

Mi meta a largo plazo es: _____

La voy a lograr al hacer: _____

Me voy a recompensar con: _____

DIARIO DE MI ACTIVIDAD FISICA Y MI ESTADO DE SALUD

Fecha: _____ Mi meta para hoy es: _____

Cambios que observé hoy en mi salud: _____

_____

_____

_____

Tipo de ejercicio que hice hoy: _____ Duración: ___ 15 min ___ 30 min ___ 45 min ___ 60 min

Nivel de ejercicio: _____ Ligero _____ Moderado _____ Intenso.

Hoy caminé _____ pasos, cuadras, bloques, millas o kilómetros. Depende de la medida que utilice para medir sus caminatas.

<u>Cosas que hice para mí cuerpo</u>: Ejemplo: cuidado de su piel, manicure, pedicure, cuidado del cabello, limpieza facial incluya mascarilla, de cuidados a su cuerpo por lo menos 30 minutos diarios de uno de los ejemplos indicados, aplica a todos los sexos.

<u>Cosas que logré hacer hoy</u>: escriba diario que cosas ha iniciado a hacer "implementado" y cuales puede continuar haciendo que aún no ha iniciado. Ejemplo la alimentacion, los cuidados de su cuerpo, los ejercicios entre otros. Y los que no logro hacer anótelos para incluirlos en sus próximos días.

DIARIO DE MIS COMIDAS:

¿Qué comí el día de hoy?   En diabéticos, chequear la glucosa en sangre en ayunas: _____

Desayuno: Hora: _____

_____

_____

_____

Como me sentí: estresado ____ feliz ____ apurado ____ descansado ____ otro _____

Almuerzo: Hora: _____

_____

_____

_____

Como me sentí: estresado ____ feliz ____ apurado ____ descansado ____ otro _____

Cena: Hora: _____

_____

_____

_____

Como me sentí: estresado ____ feliz ____ apurado ____ descansado ____ otro _____

Merienda: Hora: _____

Marque el número de veces que agrego a su tiempo de comida los siguientes:

Agua: 1☐   2☐   3☐   4☐   5☐   6☐   7☐   8☐

Frutas: 1☐   2☐   3☐   4☐   5☐   +☐

Vegetales: 1☐   2☐   3☐   4☐   5☐   +☐

Recuerde que su plato de comida lleva 1 porción de frutas, 1 porción de leche o derivados, 2 porciones de la lista de almidones, 1 porción de vegetales, y 2 tazas de ensalada. 1 porción de proteínas de 2 a 4 onzas. Alimentos libres como líquidos sin azucar. Consulte los diferentes grupos de alimentos para hacer un menú variado.

ILUSTRACION DE SU PLATO DE COMIDA

Esta es una guía de alimentarse con comidas variadas y saludables para hacer su menu. Cada plato deberá tener aproximadamente 450 calorías, para un total de 1,350 calorías por día en tres tiempos de comida sin incluir las botanas o meriendas.

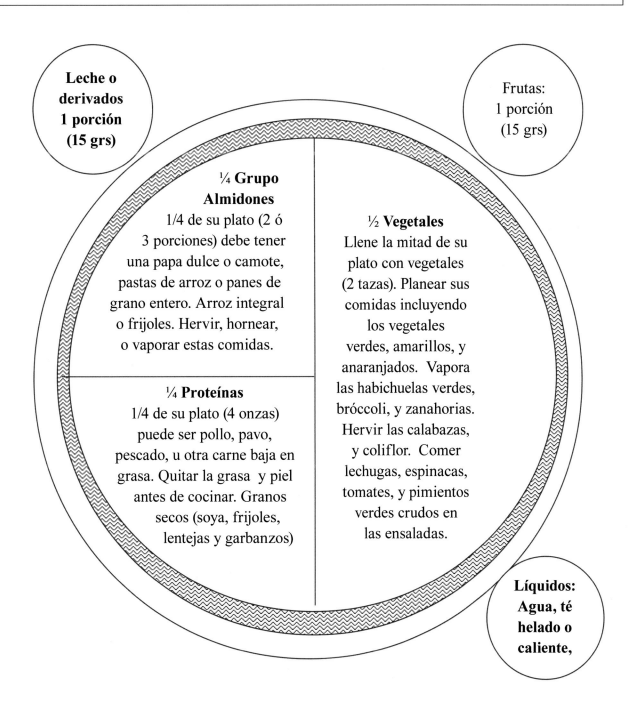

Si Usted tiene diabetes, presión arterial alta, colesterol alto, triglicéridos altos, quiere perder peso, o simplemente quiere comer saludable, siga esta guía.

7 DIAS DE EJEMPLO DE MENU PARA CONTAR LAS PORCIONES DE CARBOHIDRATOS

Día	Día 1	Día 2
Total de Carbohidratos por día	*Día 1: 14 porciones = 210 gramos de carbohidratos.*	*Día 2: 15 porciones = 225 gramos de carbohidratos.*
Desayuno (7:00 a 9:00 AM)	*Enrollado de huevo (wrap):* Hacerlo con 1 tortilla de huevo de 6" (1 huevo completo más una clara de otro huevo) *(proteína)*. Puede agregar cebolla, tomate, chiltoma o pimenton, espinacas, brócoli lo envuelve sobre la tortilla de huevo y le agrega queso rallado encima del enrollado *1 porción de carbohidratos)* 1 naranja pequeña *(1 porción de carbohidratos)* 1 taza de leche descremada *(1 porción de carbohidratos)* Líquidos de dieta. *Total de carbohidratos: 3porciones*	*Avena con leche (oat milk)* 1 taza de avena cocida con agua (puede agregar canela si lo desea) *(2 porciones de carbohidratos)* luego agregar 1 taza de leche descremada caliente *(1 porción de carbohidratos)* 1 banano pequeño *(1 porción)* Líquidos de dieta si lo desea (té, café, agua de sabores) *Total de carbohidratos: 4 porciones*
Almuerzo (12:00 a 2:00 PM)	*Sándwich de pavo o de pollo*: 1 rebanada de bistec o jamón de pavo o de pollo *(proteína)*, 2 rebanadas de pan de trigo *(2 porciones de carbohidratos)*, agregar al sándwich 2 rebanadas de tomate con 2 hojas de lechuga y cebolla *(libre)*, 1rebanada de queso bajo en grasa para el sándwich *(1 porción de carbohidratos)* 3 tazas de ensalada de lechuga, tomate y pepino *(1 porción de carbohidratos)* 1 mango pequeño *(1 porción de carbohidratos)* dieta o líquidos sin azúcar. Agua de sabores de *Total de carbohidratos: 5 porciones*	*Pollo asado:* 1 pechuga de pollo asada o al vapor *(proteína)* 3 tazas de ensalada de lechuga, tomate, pepino, cebolla *(1 porción de carbohidratos)* 1 fruta pequeña (mandarina u otra) *(1 porción de carbohidratos)* 2 tortillas de 6" cada una *(2 porciones de carbohidratos)* 1 ½ taza de frijolitos verdes o habichuelas *(1 porción de carbohidratos)* Líquidos de dieta *Total de carbohidratos: 5 porciones*
Cena (5:00 a 7:00 PM)	*Pescado a la plancha:* 5 onzas de pescado o salmón a la plancha. *(proteína)* 1 taza de arroz integral *(3 porciones de carbohidratos)* 3 tazas de ensalada de lechuga, tomate, cebolla y zanahoria *(1 porción de carbohidratos)* 1 fruta pequeña *(1 porción de carbohidratos)* Líquidos de dieta *Total de carbohidratos: 5 porciones*	*Espaguetis:* 1 ½ taza de espaguetis cocidos con agua *(3 porciones de carbohidratos)* 1/3 taza de salsa de espaguetis *(1 porción de carbohidratos)* 3 tazas de ensalada de lechuga, tomate y zanahoria *(1 porción de carbohidratos)* Líquidos de dieta *Total de carbohidratos: 5 porciones*
Merienda (9:00 PM)	3 tazas de palomitas de maíz (light butter) *(1 porción de carbohidratos)* líquidos de dieta *Total de carbohidratos: 1porción*	1 banano pequeño *(1 porción de carbohidratos)* Líquidos de dieta *Total de carbohidratos: 1porción*

Recuerde que para hacer su ensalada usted puede usar cualquiera de las diferentes lechugas que estén a su alcance, repollo, tomate, pepino, rabano, zanahoria, remolacha, cebolla, cilantro, apio, perejil, solo tiene que medir sus porciones para completarlas.

Día	Día 3	Día 4
Total de Carbohidratos por día	*Día 3: 14 porciones = 210 gramos de carbohidratos.*	*Día 4: 16 porciones = 240 gramos de carbohidratos.*
Desayuno (7:00 a 9:00 AM)	<u>*Cereal frío*</u>: 1 ½ taza de corn flakes (hojuelas de maíz) *(2 porciones de carbohidratos)* 1 taza de leche descremada *(1 porción de carbohidratos)* 1 banano pequeño *(1 porción de carbohidratos)* Líquidos de dieta ***Total de carbohidratos: 4 porciones***	<u>*Tostadas de maíz*</u>: 2 tortillas de maíz de 6" tostadas *(2 porciones de carbohidratos)* 1/3 de taza de frijoles *(1 porción de carbohidratos)* 2 onzas de queso seco rayado *(1 porción de carbohidratos)* Agregue pico de gallo encima de tomate, cebolla, cilantro y pimentón *(libre)* 1 mango pequeño *(1 porción de carbohidratos)* Líquidos de dieta *Total de carbohidratos: 5 porciones*
Almuerzo (12:00 a 2:00 PM)	<u>*Sándwich de atún o de pescado:*</u> 2 rebanadas de pan de trigo *(2 porciones de carbohidratos)* Prepara el atún de la empacada en agua con 1 cucharita de mayonesa y mostaza, o pescado al vapor o la plancha *(proteína)* Agregue al sándwich, 2 hojas de lechuga, 2 rebanadas de tomate y 1 de cebolla 1 ½ taza de zanahoria con apio *(1 porción de carbohidratos)* 3 tazas de ensalada de lechuga, tomate, y cebolla *(1 porción de carbohidratos)* 1 mandarina *(1 porción de carbohidratos)* Líquidos de dieta ***Total de carbohidratos: 5 porciones***	<u>*Hamburguesa:*</u> 1 pieza de carne sin grasa preparada para hamburguesa preferible a la plancha o asada *(proteína)* 1 pan de hamburguesa de trigo *(2 porciones de carbohidratos)* 1 rebanada de queso bajo en grasa para ponerle a la hamburguesa *(1 porción de carbohidratos)* Agregarle 2 hojas de lechuga o mas, 2 rebanadas de tomate y cebolla, también 1 cucharadita de mayonesa, mostaza y salsa de tomate 1 taza de frijolitos verdes al vapor *(1 porción de carbohidratos)* Líquidos de dieta o té helado con limón *Total de carbohidratos: 4 porciones*
Cena (5:00 a 7:00 PM)	<u>*Bistec de posta de cerdo:*</u> 1 bistec de posta de cerdo (asado o a la plancha) *(proteína)* 1 ½ taza de brócoli, coliflor, y zanahoria (cocinados al vapor) *(1 porción de carbohidratos)* 3 tazas de ensalada de lechuga, tomate, y pepino *(1 porción de carbohidratos)* 1 naranja pequeña *(1 porción de carbohidratos)* Líquidos de dieta ***Total de carbohidratos: 3 porciones***	<u>*Pollo guisado con papas:*</u> 1 pechuga de pollo *(proteína)* Medir una taza de papas en cuadritos ya cocinada *(2 porciones de carbohidratos)* 1 ½ taza de coliflor al vapor *(1 porción de carbohidratos)* 3 tazas de ensalada de espinacas con lechuga y tomate *(1 porción de carbohidratos)* Líquidos de dieta *Total de carbohidratos: 4 porciones*
Merienda (9:00 PM)	1 onza de semillas de girasol *(1 porción de carbohidratos)* 1 taza de leche descremada *(1 porción de carbohidratos)* Líquidos de dieta *Total de carbohidratos: 2 porciones*	1 taza de leche de almendras *(1 porción de carbohidratos)* ½ taza de piña *(1 porción de carbohidratos)* Líquidos de dieta *Total de carbohidratos: 2 porciones*

Recuerde que cuando usa productos lácteos, usted puede variar con leche de vaca descremada, leche acidofila, leche de almendras, leche de soya, esta última la puede preparar en casa y usarla para batidos, leche de cabra igual puede hacer con los diferentes quesos.

Día	Día 5	Día 6
Total de carbohidratos por día	*Día 5: 14 porciones = 210 gramos de carbohidratos.*	*Día 6: 13 porciones = 195 gramos de carbohidratos.*
Desayuno (7:00 a 9:00 AM)	*Vegetales con huevo*: **1 taza de vegetales cortados en cuadritos cocinarlos con ½ cucharita de aceite, puede sustituirlos con espinacas** *(1 porción de carbohidratos)* **1 huevo entero y 1 claras batirlos y agregarlos a los vegetales hasta que estén cocinados** *(proteína)* **2 rebanadas de pan de trigo** *(2 porciones de carbohidratos)* **1 naranja pequeña** *(1 porción de carbohidratos)* **Líquidos de dieta** *Total de carbohidratos: 4 porciones*	*Gallo pinto:* ¾ de taza de gallo pinto (llamado también moros y cristianos y arroz revuelto con frijoles) *(2 porciones de carbohidratos)* 1 porción de queso rallado *(1 porción de carbohidratos)* 1 huevo tibio o cocido *(proteína)* 1 tortilla de maíz de 6" *(1 porción de carbohidratos)* 1 1/4 taza de melón y si no tiene melón 1 fruta pequeña *(1 porción de carbohidratos)* Líquidos de dieta *Total de carbohidratos: 5 porciones*
Almuerzo (12:00 a 2:00 PM)	*Tacos de pollo*: **1 pechuga de pollo cortada en fajitas o trozos pequeños sazonarla con especies para tacos** *(proteína)* **2 tortillas de 6"** *(2 porciones de carbohidratos)* **Prepare un taco por cada tortilla.** **Prepare 3 tazas de ensalada de repollo, cilantro, tomate y cebolla para los tacos,** *(1 porción de carbohidratos)* **1 cucharadita de queso rallado y crema por taco** **1 1/4 de taza de melón** *(1 porción de carbohidratos)* ½ taza de gelatina de la que no tiene azúcar y líquidos de dieta *Total de carbohidratos: 4 porciones*	*Ensalada con fajitas de pescado o pollo*: 1 bistec de pescado o pollo cortado en fajitas cocinado a la plancha o asado *(proteína)* Prepare la ensalada con lechuga, espinacas, tomates pequeños, fajitas de de pimentón o chiltoma verde, rojo o amarillo, pepino y cilantro. En un plato grande coloque 3 tazas de esa ensalada y agregar el aderezo *(1 porción de carbohidratos)*, luego coloque encima de la ensalada las fajitas de bistec 1 yogur Light de frutas *(1 porción de carbohidratos)* 1 taza de sandía cortadas en cuadritos *(1 porción de carbohidratos)* Líquidos de dieta *Total de carbohidratos: 3 porciones*
Cena (5:00 a 7:00 PM)	*Pescado o Salmón a la plancha*: **5 onzas de pescado o salmón cocinado a la plancha, al vapor o al horno** **1 taza de arroz integral** *(3 porciones de carbohidratos)* **3 tazas de ensalada de lechuga, espinacas, tomate, y cebolla** *(1 porción de carbohidratos)* **1 ½ taza de ayote verde cocidos** *(1 porción de carbohidratos)* ½ taza de gelatina de la que no tiene azúcar. Líquidos de dieta *Total de carbohidratos: 5 porciones*	*Pollo con espaguetis* 1 pechuga de pollo cocida *(proteína)* 1 taza de espaguetis *(2 porciones de carbohidratos)* 1 taza de ensalada de repollo con tomate, rábano, cebolla, cilantro, y limón (no se cuenta) 1 fruta pequeña (1 porción de carbohidratos) ½ taza de gelatina sin azúcar y líquidos de dieta *Total de carbohidratos: 3 porciones*
Merienda (9:00 PM)	1 fruta pequeña *(1 porción de carbohidratos)* Líquidos de dieta *Total de carbohidratos: 1 porción*	½ banano y 1 taza de leche *(2 porciones de carbhohidratos)* Líquidos de dieta *Total de carbohidratos: 2 porciones*

Día	Día 7	
Total de carbohidratos por día	*Día 7: 16 porciones = 240 gramos de carbohidratos*	***NOTAS QUE LE AYUDARAN A PREPARAR SU COMIDA***
Desayuno (7:00 a 9:00 AM)	*Pancakes*: 2 pancakes de 6" cada uno *(2 porciones de carbohidratos)* 1/3 taza de sirope o miel de pancake sin azúcar *(1 porción de carbohidratos)* 1 taza de fresas cortadas en cuadritos *(1 porción de carbohidratos)* 1 taza de leche descremada *(1 porción de carbohidratos)* *Total de carbohidratos: 5 porciones*	Al elaborar su menú debe de tomar en cuenta que medir sus alimentos y contar las porciones de carbohidratos que va a comer.es el éxito de su meta. Tenga en cuenta a la hora de comprar sus alimentos que no tengan alto contenido de sal y leer las etiquetas para que esté seguro del contenido de los alimentos.
Almuerzo (12:00 a 2:00 PM)	*Consomé de pescado*: Cocine el pescado en poca agua, agregue ajo y cebolla picada y los ingredientes que a usted le gustan, más 1 taza de vegetales mixtos *(2 porciones de carbohidratos)*. 1 ½ taza de brócoli, coliflor y zanahoria al vapor *(1 porción de carbohidratos)* 2 tazas de ensalada de lechuga, tomate, y cebolla *(1 porción de carbohidratos)* 1 rebanada de pan de trigo *(1 porción de carbohidratos)* ½ taza de gelatina sin azúcar **(libre)** Líquidos de dieta. *Total de carbohidratos: 5 porciones*	Para sazonar sus ensaladas y verduras cocidas trate de prepararlas usted mismo y así bajar el consumo de grasas de las vinagretas ya preparadas. Usted puede preparar sus propias vinagretas, busque en el índice de vinagretas para tener una guía. Si va a comer aguacate es preferible que coma la fruta con limón y no en guacamol. Recuerde que el guacamol lleva más grasa y calorías
Cena (5:00 a 7:00 PM)	*Carne tapada (beef stew)*: En una olla cocine 1 libra de carne de res cortada en cuadros de 2" y cubra con agua al nivel de la carne, agregue los vegetales 10 minutos antes de que la carne este cocida. Corte todos los vegetales en cuadros de 2", 2 zanahorias, 1 taza de apio, 1 cebolla grande, 1 taza de hongos, 1 taza de tomates, pimienta, ajo, cebolla y pimentón verde al gusto, disuelva una cucharada de maizena en ¼ de taza de agua y agregarlo al final por 5 minutos. 2 tazas de verduras ya cocinadas *(1 porción de carbohidratos)* 1 taza de arroz integral *(3 porciones de carbohidratos)* 3 tazas de ensalada de lechuga, tomate, y cebolla *(1 porción de carbohidratos)* Líquidos de dieta *Total de carbohidratos: 5 porciones*	Estos son ejemplos de una semana de menú para comidas, de usted depende elaborar su propio menú aprendiendo a usar los grupos de alimentos para hacer el menú de sus comidas, leer las etiquetas, y aprender a contar los carbohidratos. En los líquidos de dieta está incluidos el té helado o caliente, agua de sabores sin azúcar, café, agua mineral, agua. Prepare sus líquidos lo más natural posible sin usar azúcares. Trate isantés como el brócoli, coliflor, espinade aprender cuales son los vegetales alcalincas, todas las lechugas verdes, y los que son bajos en el índice de glucosa. Utilice hierbas frescas, limón para sus alimentos y ensaladas
Merienda (9:00 PM)	½ taza de gelatina sin azúcar *(libre)* 1 fruta pequeña *(1 porciónde carbohidratos)* Líquidos de dieta. *Total de carbohidratos: 1 porción*	

TERAPIA CELULAR VEGETAL Y TERMOREGULADORA DEL ORGANISMO COMO PARTE DE SU CONOCIMIENTO EN EL PLAN DE NUTRICION.

Este es un capitulo especial que fue introducido para mejorar la salud desde el punto de vista nutricional, En la actualidad hay muchos estudios en lo que a métodos de dietas se refiere para controlar una enfermedad, asi como también la industria del consumismo y la alteración química y genética de los componentes nutricionales de los alimentos. En este libro he abordado la dieta baja en carbohidratos incluyendo algunos aspectos de la dieta cardiovascular para un mejor control de la glucosa en sangre y de las reacciones metabólicas que produce la diabetes no solo en el metabolismo de la glucosa, si no también en el metabolismo de las grasas. Este es un tema muy amplio y solo abordaré los puntos principales en mi experiencia y en la práctica de los alimentos más efectivos en mi persona, y que otras personas ya lo han experimentado y siguen la terapia celular por el conocimiento efectivo de los vegetales y frutas que se van a introducir en el plan de comidas. Esta terapia celular de las plantas no sustituye el plan de comidas, por lo que los requerimientos calóricos se deben de mantener con una dieta balanceada, esta terapia celular se recomienda hacerla tres veces por semana o según le oriente un nutricionista entrenado para ayudarle a introducirla en su plan de comidas.

La terapia celular vegetal y termorreguladora del organismo en base a las propiedades celulares de las plantas tiene una gran cantidad de beneficios para las reacciones químicas del organismo. El método consiste en convertir en jugo algunas plantas en su estado natural y orgánico, en obtener de ellas la fibra soluble en estado crudo es decir no cocinados, llamados alimentos vivos del origen de la planta. Los vegetales y frutas en su estado original, fresco y crudo contienen grandes cantidades de vitaminas, carotenos, minerales, antioxidantes, fitonutrientes, clorofila, carbohidratos, cierta cantidad de proteínas, biophoton (energía que regula la actividad enzimática en el cuerpo) y lo más importante son las enzimas propias de las plantas vivientes que ayudan a hacer los procesos de regeneración celular al actuar junto con las enzimas naturales del organismo humano en la digestión y la obtención de los nutrientes necesarios para las reacciones químicas que se dan lugar en el cuerpo humano.

Ninguna de las vitaminas, minerales, propiedades antioxidantes y de todos los componentes celulares de las plantas en el organismo puede realizarse sin la combinación de ambas enzimas, la de las plantas y las del cuerpo humano.

Las enzimas digestivas que intervienen en la digestión comienzan a actuar desde el momento en que un alimento llega a la boca, con la saliva y luego las otras enzimas lipasa, amilasa pancreática entre otras que van actuando durante el proceso de digestión; al obtener la células directas de las plantas, y entrar al organismo estas hacen que el organismo ahorre enzimas para obtener las células y ser absorbidas en el organismo, se realiza un proceso de absorción celular mas rápido, menos jugos gástricos en desdoblar la fibra soluble y una mayor absorción de los nutrientes celulares al torrente sanguíneo, el ahorro de liberación de enzimas por parte del organismo ayuda a acelerar los procesos que interfieren en la reparación celular, la detoxificación y el proceso de autoregulación celular, los biophoton (energía) de las células de la planta ayudan a cargar las mitocondrias de las células del cuerpo llenando de energía la bomba de ATP (adenosin trifosfato) de la estructura celular del cuerpo que se convierte en energía para la célula, este proceso ayuda también a que el ADN almacene hasta el 90% de los biophoton en la célula y se de la reparación y rejuvenización celular, la alcalinización del cuerpo al restaurar el pH de la célula.

Los antioxidantes remueven las toxinas del cuerpo, hidratan la célula del cuerpo, proveen proteínas en pocas cantidades y proveen más aminoácidos y enzimas para mejorar la digestión; las enzimas digestivas ayudan a la digestión de las proteínas, carbohidratos, grasas y lácteos que nosotros comemos de nuestras comidas. Cuando usted se toma un jugo de vegetales frescos, todos esos nutrientes actúan inmediatamente en la célula del cuerpo.

En la actualidad las propiedades del coco han vuelto a ser tema de estudio en la nutrición y es debido a la calidad de aporte energético y curativo que produce en el mecanismo termorregulador del cuerpo. El cuerpo humano tiene un sistema de adaptación muy lento a los cambios de temperatura corporal y el cual presenta un deterioro progresivo con la edad y los cambios originados por el medio ambiente. Para que las celulas humanas puedan trabajar bien es necesario que la temperatura del cuerpo se conserve entre 36.5 a 37.5 °C ó 97.7 a 99.5 grados F. Al mantener esta temperatura regular en el cuerpo, el hipotálamo, organo localizado en la base del cerebro mantiene un sistema termoregulador con un mecanismo de retroalimentación que permite aumentar o bajar la temperatura en respuesta a las condiciones ambientales y a los cambios metabólicos que se producen en el organismo. Al introducir los derivados del coco debe de llevar un control estricto de los valores en grasas y colesterol de su cuerpo, ya que la diabetes y otras enfermedades relacionadas a ellas tienden a tener alterado el metabolismo de las grasas además del metabolismo de la glucosa en sangre.

Los llamados nutrientes metabólicos que se derivan de las proteínas son las enzimas y los que se derivan de las vitaminas son las coenzimas, ambas son necesarias para el intercambio celular en el organismo, y otros minerales que intervienen en las reacciones químicas del organismo. Los lípidos y otras grasas son los nutrientes que más energía producen en el cuerpo. Cada gramo de grasa produce 9 calorías, no se emplean para energía inmediata y su función en las células del cuerpo depende del tipo de grasa que se consume. La función principal es formar parte de la estructura de la membrana celular, son nutrientes de reserva del tejido adiposo, el cuerpo las utiliza como precursores en la formación de hormonas esteroideas, sexuales, corticoides y otras, también se utilizan como transportadores de las vitaminas liposolubles A, D, E y K. La clasificación de las grasas es amplia, en esta informacion solo abordaré la grasa que se deriva del coco y en cierta medida del aceite de olivo, que es el que se usa en este tipo de terapia nutricional. Los trigliceridos lo constituyen el 98% de las grasas que consumimos incluyendo los fosfolipidos, glucolipidos, y el colesterol. Según la estructura química de las grasas en los lípidos simples se encuentran los ácidos grasos saturados e insaturados, y en los lipidos complejos los demás ácidos grasos.

Los ácidos grasos saturados e insaturados se encuentran en estado sólido y líquido y son ácidos grasos de cadena larga en su estructura y el cuerpo no los puede sintetizar bien, aunque necesitemos consumirlos, sufren hidrogenación y oxidación por los procesos químicos que son sometidos antes de consumirlos, un ejemplo de ellos son la margarina y algunos aceites comerciales alterados en su componente químico. Los ácidos grasos esenciales son los únicos necesarios como nutrientes, son polisaturados se sintetizan en el organismo, los más importantes son el ácido linoléico y el ácido linolénico, ellos son importantes porque intervienen en la formación de prostaglandinas y tromboxanos (agregación plaquetaria) y el ácido araquidónico que se sintetiza a partir del ácido linoléico. El ácido linoléico abunda en las semillas de maíz, girasol, soya, en la leche materna en un 8%. El ácido linolénico se obtiene del pescado y aceite de higado de bacalao en la forma de omega 3, el huevo contine el 78% de lecitina. Las necesidades nutricionales por día de ácidos grasos esenciales son de 3 a 5 gramos por día o el 2% del total calórico de grasas por día.

El aceite de coco es el único ácido graso saturado de cadena corta en su estructura, no se oxida ni se hidrogenisa al calentarlo, es puramente extraído de la planta del coco, no necesida enzimas pancreáticas ni de la bilis para su digestión, son absorbidos directamente al higado, su consumo es ideal para aquellas personas en que se les ha removido la vesícula, para las que tienen problemas digestivos y problemas hepáticos. Además de las propiedades que tiene de los ácidos grasos esenciales, el coco es rico en ácido laúrico con propiedades antivirales, antibacterianas y antimicóticas. El aceite de coco se almacena en el higado y lo utiliza inmediatamente al convertirlo en energía para las células del cuerpo, acelera el sistema metabólico y por la rápida absorción quemará más calorías al día. El coco tiene alto contenido en proteínas que favorece en la formación de enzymas para la autorregulación celular, además tiene bajo contenido en carbohidratos, es una fuente de ácido fólico y todos los tipos de la vitamina B para la regeneración celular cerebral y contiene además minerales como el calcio, el magnesio y el potasio. El aceite de coco se metaboliza rápido en el higado, es un antioxidante, no participa del proceso oxidativo de la membrana celular por lo que aumenta la producción de enzimas que promueven la conversión de las hormonas tiroídeas, ayuda a la absorción de las vitaminas liposolubles. La única contraindicación del uso del coco es ser alérgico a todos los componentes del coco. Se recomiendan de 2 a 3 cucharadas por día, iniciar con 1 cucharada para adaptarlo a su digestión hasta que logre las 2 ó 3 cucharadas por día. Lo puede utilizar en el jugo de vegetales de terapia celular, en te caliente, y en las ensaladas.

El aceite de coco virgen es un alimento funcional como herramienta contra las enfermedades inmunológicas, la diabetes, enfermedades del tiroídes y otras enfermedades. En años anteriores el aceite de coco estuvo en duda su uso por ser una grasa saturada, pero en la realidad los estudios que se han hecho acerca de sus propiedades demostraron que es el único ácido graso de cadena corta, con mecanismo de acción rápida y que no se oxida ni se hidrogena como las otras grasas saturadas de cadena larga que son las que producen efectos dañinos en la circulación, en las células del cuerpo y son las responsables de la enfermedad cardiovascular.

Cuando los vegetales son cocidos por encima de los 105° F sus enzimas son destruídas por el calor lo cual obliga a nuestro sistema digestivo a trabajar más de lo que debería para digerirlas, la digestión se hace más prolongada y hay una parcial absorción de nutrientes de las proteínas, carbohidratos y grasas. El método de hacer el jugo de vegetales para el aprovechamiento celular de la planta y para el mejor beneficio en las reacciones químicas del organismo se enfoca a la fibra soluble que se extrae de ellas, por lo que esta terapia ofrece 2 porciones de jugo por día, la fibra insoluble se obtiene através del alimento normal que incluye en sus tiempos de comida, como son las ensaladas y las frutas en su plan de comida, el jugo tiene su momento y horario para tomarlo para que el cuerpo se beneficie de el.

Introducir el metodo celular y termoregulador a base de jugo de vegetables require de cierto tiempo y de la habilidad de preservar todos sus nutrientes, estos se deben tomar inmediatamente, y si le sobra una porción más de jugo debe guardarlo en un recipiente de vidrio oscuro que no le de luz y bien sellado al taparlo, el oxígeno produce oxidación del jugo y daña los nutrientes vivos que contiene el jugo, debe guardarlo inmediatamente en la refrigeradora por un tiempo de hasta 12 horas para que no se degraden sus components celulares vivos, es preferible tomarlo una vez que se hace. La mejor hora para tomar su jugo es a media mañana entre el desayuno y el almuerzo y a media tarde entre el almuerzo y la cena a la hora de merienda o botana. Se recomienda tomar estos jugos 3 veces por semana.

Los jugos de vegetales no son una comida completa, tienen muy pocas proteínas, no tienen grasas, estos jugos son agregados a su plan de comida regular para obtener los nutrientes celulares necesarios para las reacciones químicas del cuerpo. Lo ideal es consumirlos entre las comidas como terapia celular vegetal y termorreguladora de necesidad para mejorar la salud. Debe mantener su plan de comida de acuerdo a las necesidades calóricas y baja en carbohidratos para el control de la diabetes.

Es importante consumir vegetales orgánicos que no hayan sido expuestos a los fertilizantes y pesticidas, que las semillas no hayan sido alteradas genéticamente, y no hayan recibido radiaciones para su conservación. Los vegetales que se recomiendan deben ser preferiblemente de origen orgánico y son aquellos que se consumen en hojas y tallos en su totalidad como son las espinacas, los diferentes tipos de repollos y de lechugas, zanahorias, remolachas, nabos, apio y los pepinos; tambien debe agregar a su jugo hierbas aromáticas para dar sabores y que contienen propiedades curativas como son peregil, cilantro, y menta. Agregar a los jugos de vegetales limón verde o limón amarillo, arándanos, fresas, o genginbre fresco.

La mejor manera de hacer el jugo de vegetales es con un buen estractor de jugo potente que pueda triturar el vegetal y aprovechar al máximo el contenido de jugo, pero en el caso que no tenga uno disponible lo puede hacer con la licuadora y colarlo cuando lo sirva, lavar bien la licuadora o estractor de jugo para evitar contaminación del equipo. Si la licuadora no es potente le llevará mas tiempo en licuar los vegetales porque tendrá que rallar los vegetales duros antes de licuarlos.

Las últimas guías nutricionales indican que una persona necesita entre 9 a 13 porciones de vegetales y frutas cada día para estar saludables, dependiendo de la edad y la actividad física haciendo énfasis de consumir vegetales de hojas verdes oscuras, vegetales rojos y amarillos en jugo y en ensalada.

El jugo de vegetales o terapia celular termoreguladora le provee al organismo los siguientes beneficios de salud:

Agua: el agua de las plantas ayuda a lubricar las articulaciones, controla la temperatura corporal, ayuda al proceso de hidrólisis, genera energía a las membranas celulares y regula todas las funciones del cuerpo, nuestro cuerpo esta formado en el 70% de agua.

Proteinas: el cuerpo usa las proteínas para formar músculos, ligamentos, tendones, el pelo, las uñas. Las proteínas son necesarias para producir aminoácidos y hormonas, las plantas contienen pocas proteínas a excepción de la soya, de hecho, las plantas son ricas en aminoácidos necesarios para producir proteínas y poder agregar en la dieta otras fuentes de proteínas de origen de vegetales secos como son los frijoles, lentejas y garbanzos.

Carbohidratos: escoger plantas que contengan carbohidratos complejos ya que ellas contienen fibra soluble e insoluble y almidones. El jugo es un ejemplo de fibra soluble y la ensalada o los vegetales secos son ejemplos de fibra insoluble. La fibra soluble de la terapia celular de los vegetales baja los niveles de colesterol y de las grasas, estabilizan los niveles de azúcar en sangre y mejoran la flora intestinal bacteriana.

Acidos grasos esenciales: el acido linoléico y alfalinoléico contenido en algunos vegetales son necesarios para la actividad celular nerviosa, para las membranas celulares del cuerpo y para la producción de prostaglandinas.

Vitaminas: A, B, C, D, E, K, y los carotenos son necesarios para ayudar a las reacciones químicas de absorción de los nutritientes, para las reacciones enzimáticas y otras reacciones metabólicas del organismo.

Minerales: Los minerales son componentes de las enzimas, son necesarios para el metabolismo del calcio y de la absorción del hueso, de la sangre y ayuda a mantener una función celular normal. Los minerales son necesarios para el organismo como es el calcio, cloro, magnesio, fósforo, postasio, sodio y azufre encontrado en forma natural en las plantas.

Fitoquimicos: lo tienen todas las plantas en su estado natural, en el color, el olor y el sabor, entre ellos tenemos el lycopene y el indol que ayudan a la prevención del cáncer y otras enfermedades.

RECOMENDACIONES PARA INICIAR SU TERAPIA DE JUGO CELULAR VEGETAL Y TERMOREGULADORA DEL ORGANISMO

Cuando compre sus vegetales y frutas asegúrese que son orgánicos, y si no los hay, debe pelarlos para no consumir en ellos los pesticidas y fertilizantes que traen del cultivo. No compre las frutas y vegetales en grandes cantidades, es mejor comprarlos frescos y los que va a usar para que no pierdan sus propiedades nutritivas por la luz, el calor, y el tiempo de cortados.

Tómese el jugo inmediatamente, si le sobra guárdelo en un recipiente oscuro, preferible de vidrio oscuro con buena tapa para que no se oxide, no pierda su valor nutricional y lo guarda en el refrigerador hasta por 12 horas. Si el jugo que guardó se pone de color café, no lo tome éste a sido oxidado y perdio su valor nutricional. El melón y el repollo no se conservan bien por lo que es mejor tomarlos inmediatamente. Algunos jugos no llevan frutas, otros son combinados con frutas y vegetales. Pongales a su jugo una taza de base de té verde helado o use agua mineral o simplente agua normal si lo desea.

Recuerde que estos jugos son necesarios para terapia celular y termorregulación del cuerpo y no sustituyen sus comidas, estos se pueden tomar entre las comidas a media manana y a media tarde, y una taza de té caliente en ayunas. Tenga un espacio suficientemente amplio para preparar todo lo necesario para hacer su jugo. Si no tiene un extractor de jugo asegúrese de tener una licuadora potente, cuchillo, rallador, colador, pelador de papas o de verduras, recipientes para trabajar en ellos, recipiente para hacer te, cuchara, tabla para cortar, tazas de medidas y de cucharas.

Lave todos los vegetales y frutas con abundante agua. Corte todas las partes que usted considera que esten en malas condiciones y desechelas. Siempre pele las naranjas, mandarinas, toronjas, limones, mangos y papaya si no son orgánicas y remueva todo lo que son semillas de las frutas.

Los tallos y las hojas de la mayoría de los vegetales pueden agregarse al jugo, los del apio, rábanos, remolacha, fresas, broccoli, coliflor, repollo risado (kale), cilantro, perejil y cebolla.

Corte las frutas y vegetales en porciones pequeñas para que sean mejor trituradas al usarlas en la licuadora. Algunas frutas y vegetales que no se extrae bien el jugo, es preferibles hacerlas separadas en batido como son los aguacates y bananos.

LISTA DE LOS VEGETALES Y FRUTAS QUE MÁS VA A USAR:

Diferentes tipos de lechuga: lechuga romana, lechuga de hojas oscuras, tallos y hojas de remolacha, acelga, hinojo
Diferentes tipos de repollo: repollo verde, repollo de hojas risadas (kale), berzas llamadas en inglés collard green, brusela sprout, repollo de hojas moradas.
Otros Vegetales: espinacas, zanahorias, remolacha, rábanos, apio, ajo, tomates, pepinos, espárragos, nabos, ruibarbo, brocoli, coliflor, cocos, garbansos verdes.
Hierbas y especies aromáticas con propiedades curativas: cilantro, peregil, menta, gengibre, cayenne pepper, chile jalapeño y chile habanero, chia, linaza, cacao, vainilla, canela, gérmen de trigo, almendras, semilla de marañon, limones verdes y amarillos.
Frutas frescas: cocos secos y de agua, fresas, arándanos, papaya, piña, mango, bananos, manzanas, naranjas, mandarinas, toronjas, ciruelas frescas, marañon, peras, todos los tipos de arandanos.
Aceite: aceite de coco, aceite de oliva, aceite de almendras para cocinar, aceite de ajonjoli. Lácteos: leche de almendras, leche de soya, leche orgánica de vaca, y leche de coco.
Semillas organicas: marañón, nueces, ajonjolí, cacahuate o maní, almendras.
Otros productos: miel de abejas y panel de miel de abejas, mantequilla de mani, diatomaceos earth, agua mineral.

NOTA: No necesita comprar todo a la vez, solo compre lo que va ir introduciendo a los cambios y asi va escogiendo los productos que le gustan y quiere mantener en el cambio que estará haciendo. El jugo se hace con tres a cuatro ingredientes por lo que no necesita comprar las grandes cantidades de frutas o vegetales. Recuerde que la práctica es la que hace la experiencia. Cuando prepare su batido de vegetales y frutas tenga siempre una base para el jugo de 3 a 4 ingredientes, por ejemplo 1 taza de espinacas, 1/2 taza de apio o pepino picados, 1/2 taza de zanahorias picadas y en caso que va agregar frutas, 1 a 2 tazas de frutas dependiendo de la fruta s y 1 taza de agua. Puede agregar 1 cucharada de algun suplemento ya sea de chia, linaza, o proteina, solo de uno, no de todos a la vez. Todo jugo vegetal de este tipo debe tomarse inmediatamente para obtener todos sus beneficios celulares en su organismo, no agregue sal ni azúcar.

BATIDO DE FRESA CON LECHE DE SOYA:

1/2 taza de soya (proteina), previamente bien cocida con una pizca de sal, 1 banano, 1 taza de fresas y una 1 1/2 taza de agua. No agregue azúcar. Prepare el batido en la licuadora y listo para tomarlo.

BATIDO DE AVENA CON LECHE DE SOYA:

1/2 taza de soya (proteina), previamente bien cocida con una pizca de sal, 1 banano, 1/2 taza de avena y 1 1/2 taza de agua, 2 cucharadas de chia previamente reposadas en agua. No agregue azúcar. Prepare el batido en la licuadora y listo para tomarlo. Este batido puede ser provechoso cuando no ha desayunado y es media mañana.

JUGO DE REMOLACHA:

Un delicioso y saludable batido para media mañana. Jugo de remolacha acompañado de la mitad de un aguacate. Ingredientes: 1 remolacha mediana, 1 zanahoria mediana, 1 pulgada de jengibre, 1 limon verde y 1 taza de agua. Cortar los ingredientes en pedacitos y licuarlos bien, agregue de ultimo el limón ya exprimido. Sirva la mitad de un aguacate por separado. No use sal y no azucar.

JUGO DETOXIFICANTE:

1 taza de repollo rizado (Kale), ½ pepino, 1 rama de apio, 1/2 remolacha pequeña con 1 tallo y 1 hoja de la remolacha, 1 limón verde ya exprimido, 1 ½ taza de agua mineral y 2 zanahorias pequeñas.

ESPECIA ITALIANA (ITALIAN SEASONING DRY MIX)

Esta combinación de especies es para usar en comidas con sabor italiano o comidas que usted pueda combinar con estas especies, incluyendo el aceite de olivo. También puede usar para algunas carnes (bolitas de carne, carne molida para salsa italiana, pollo, pastel de carne, sopas y en algunas vinagretas). Debe elegir si las va a usar frescas o secas, pero no mixtas. Para las ensaladas es mejor usar las especies frescas.

INGREDIENTES:
Para 8 onzas de especie italiana
2 onzas de orégano
1 onzas de romero
2 onzas de tomillo
1 onza de albahaca
1 onza de mejorana
1 onza de salvia

PREPARACION:
En un mortero de cocina combine todas las especies y las tritura de forma que no le queden molidas. Si las desea en polvo moler en una licuadora o "mixer" mezclador de especies. Envase en un recipiente con tapa, rotulando especie italiana y la fecha en que las hizo, estas especies pueden conservarse de 3 a 6 meses en lugar fresco y seco.

MARINADA PARA HACER BROCHETAS DE POLLO

INGREDIENTES:
Para dos libras de pollo
4 cucharadas de jugo de piña
2 cucharadas de salsa de soya baja en sal
1cucharada de miel de abeja
2 cucharadas de aceite de olivo
1 cucharada de ajo picado

1 cucharada de jengibre picado

Para las brochetas: 2 tazas de cuadritos de piña de 2X4 pulgadas, 1 cebolla mediana roja cortar en cuadritos igual que la piña, 1 pimentón rojo o red pepper cortados en cuadros del tamaño de la piña y dos tazas de hongos de los pequeños.

PREPARACION:

En un recipiente combine la miel con el jugo de piña hasta disolver, luego agregue todos los ingredientes y las mezclas. Agregue los cuadritos de pollos (opcional el tamaño que usted desea) y refrigere por 2 horas antes de asarlos. Prepare los palillos de bamboo y diseñe cada uno con 1 cuadrito de pollo, 1 cuadrito de piña, ¼ de cebolla roja, 1 hongo, luego vuelva a repetir la misma secuencia. Azar las brochetas por 10 a 15 minutos rotando y cuidando de no quemar los vegetales.

MARINADA PARA HACER PECHUGAS DE POLLO AZADAS

INGREDIENTES:

Para 4 a 6 pechugas de pollo

4 cucharadas de vinagre balsámico (puede substituir por vinagre negro)

5 dientes de ajo picado

1 ½ cucharada de basil

2 cucharadas de miel de abejas

½ cucharadita de mostaza

pimienta al gusto

1 cucharadita de orégano

2 cucharadas de aceite de olivo

2 cucharadas de perejil picado

PREPARACION:

En un mortero de cocinar mezclar el vinagre, el ajo, el basil, la mostaza, la miel, la pimienta, y el orégano hasta disolver todos los ingredientes. En un recipiente separado agregue el aceite de olivo a las pechugas y el perejil, luego agregue la mezcla que ha preparado y refrigerar por 2 horas antes de cocinar las pechugas.

CONSOME DE POLLO PARA DAR SABOR A ALGUNAS COMIDAS

INGREDIENTES:

Para cuatro tazas de sopa clara o consomé.

deshuesar un pollo completo de 3 libras y reservar los huesos para el consome

2 zanahorias medianas

2 ramas de apio incluyendo las hojas

1 cebolla amarilla mediana

3 hojas de laurel (bay leaves)

2 ramitas de perejil incluyendo las hojas

½ cucharadita de pimienta en grano triturada

Sal al gusto es opcional (recuerde que lo va a usar para hacer otras comidas)

6 tazas de agua

PREPARACION:

En un recipiente de cocinar ponga todos los huesos del pollo que deshuesó, agregue 6 tazas de agua, las dos zanahorias cortadas en 4 porciones, el apio cortado en 4 porciones, la cebolla cortada en 4 porciones, las hojas de laurel, el perejil cortado en 3 porciones y espolvorear la pimienta negra. Ponga a hervir todo junto en fuego medio a alto e ir limpiando las impurezas que se acumulan encima cuando está hirviendo hasta que todos los ingredientes y el hueso están bien cocidos y se haya formado un concentrado de sopa clara de 4 tazas aproximadamente. Luego colar la sopa clara y guardarla en el refrigerador para cuando necesite usarla. Puede guardar en la refrigeradora por 3 días y en el congelador por 1 semana.

VINAGRETAS PARA PREPARAR EN CASA

VINAGRETA DE AJO PARA ENSALADAS:

Servicios: 1 taza

Ingredientes:
½ taza de aceite de olivo
¼ taza de vino de vinagre blanco
6 dientes de ajo bien picaditos
pimienta negra al gusto
¼ cucharadita de mostaza
½ de cucharada de albahaca y tomillo
Condimento al gusto de su favorito para ensaladas (opcional)

Preparación:
En una taza de cocinar agregue todos los ingredientes y los combine con todos los ingredientes. Luego usar en ensaladas o en vegetales. Puede refrigerar si lo desea.

VINAGRETA ITALIANA PARA ENSALADAS:

Servicios: 1 taza

Ingredientes:
1/4 taza de vinagre de manzana o vino rojo de vinagre
1 cucharadita de miel de abeja
1/2 taza de aceite de olivo
1 cucharada de ajo bien picadito
1/4 cucharadita de mostaza
1 cucharada de especie italiana.

Preparación:
Disuelva la miel en el vinagre. Combine el resto de los ingredientes y las mezclas bien.

SALSA JALAPEÑA PARA ENSALADA DE TACOS:

Servicios: 1 taza

Ingredientes:
1 taza de yogurt natural
2 cucharadas de leche descremada
1 cucharada de chile jalapeños picaditos
¼ cucharada de ajo bien picadito
¼ cucharada de comino

1/8 cucharadita de sal

Preparación:
Combine todos los ingredientes en una taza. Cubra y guárdela en la refrigeradora hasta que lo sirva.

SALSA JALAPEÑA:

Servicios: 1 ½ taza

Ingredientes:
1 taza de leche 2%
1 cucharada de maizena
2 chiles jalapeños cortados en fajitas
1 cebolla amarilla cortada en rebanadas
½ cucharadita de mostaza
Pimienta negra al gusto
Sal al gusto.
3 cucharadas de aceite de olivo

Preparación:
En una cazuela sofría la cebolla con los jalapeños y el resto de los ingredientes, en otra cazuela hierva la leche junto con la maizena cuando está un poco espesa le agrega el sofrito, déjelo que espese un poco y listo para servirlo.

SALSA RANCHERA:

Servicios: 2 tazas

Ingredientes:
1 tomate grande cortado en cuadritos pequeños
½ cebolla amarilla cortada en cuadritos pequeños
1 cucharadita de vinagre
Pimienta negra al gusto
4 cucharadas de salsa de tomate
½ cucharadita de salsa inglesa
1chile jalapeño cortado en cuadritos pequeños y sal al gusto
2 cucharaditas de aceite

Preparación
En una cazuela caliente el aceite y sofría la cebolla y el jalapeño, luego agregue los tomates y el resto de los ingredientes hasta que se cocinen todos.

VINAGRETA PARA ENSALADAS Y VERDURAS:

Servicios: 1 taza

Ingredientes:
4 dientes de ajo bien picaditos
1/3 taza de aceite de olivo
3 cucharadas de vino de vinagre blanco
1 cucharadita de mostaza
Pimienta al gusto
½ taza de nueces y cacahuates triturados
1 cucharadita de miel de abeja
Opcional: termine de sazonar con los ingredientes naturales que a usted le gusta (cilantro, menta, albahaca, y otros de su preferencia).

Preparación:
Mezcle el vinagre con la miel, luego le agrega el aceite y los demás ingredientes, y finalmente las nueces y cacahuates al momento de servir.

VINAGRETA FRANCESA:

Servicios: 2 tazas

Ingredientes:
1 taza de sopa de tomate
1 cucharada de miel de abejas
1/3 taza de agua
½ de taza de aceite de olivo
½ cucharadita de mostaza
1/3 de taza de vino de vinagre blanco
5 cucharadas de semilla de ajonjolí
3 dientes de ajo bien picaditos
Pimienta y sal al gusto

Preparación:
En una cazuela hervir la sopa de tomate con el agua mezclando hasta que este cocida y déjela enfriar. Cuando esté fría agregue el resto de los ingredientes revolviéndolos hasta mezclarlos bien. Sirva en la ensalada a temperatura ambiente o ligeramente fría.

Aprendiendo a variar y sustituir mis comidas y compartir experiencia y conocimiento del bueno en el auto control de la diabetes. En la foto: noodles hechas a base de sweet potato (papa dulce), rice noodles o conocidos por tallarines de arroz, lentejas verdes, frijol de soya, garbanzos verdes secos y papa dulce (sweet potato). Varíe su plan de comida, mida sus porciones de carbohidrato y comience por un producto para aprender a comer con estos deliciosos sabores.

POLLO CON HONGOS

INGREDIENTES:
Para 4 servicios

1 pollo de 3 libras deshuesado y sin piel
½ taza de harina
2 cucharadas de especie italiana
1/8 de cucharadita de sal
pimienta al gusto
2 tazas de hongos cortados en rodajas
3 rodajas de cebolla amarilla
5 fajitas o tiritas de ½ pulgada de ancho de pimentón rojo (red pepper)
1 taza de sopa clara de pollo
2 cucharadas de vino blanco de cocinar o vinagre balsámico
¼ de taza de aceite de olivo

PREPARACION:
En un recipiente mezcle la ½ taza de harina con la especie italiana, la sal y la pimienta al gusto, pase las piezas de pollo por la harina mezclada. Luego en un sartén preferible de teflón, caliente el aceite de olivo y sofría el pollo hasta que adquiera color dorado por los dos lados. Cuando haya sofrito el pollo y esté listo para cocinarlo con las verduras, ponga una cazuela a fuego medio, agregue dos cucharadas de aceite de olivo y sofría la cebolla, el pimentón rojo, los hongos y el vinagre por 2 minutos, agregue el pollo previamente sofrito y agregue la taza de sopa clara de pollo, tape y cocine por 25 minutos.

Servir con una taza de arroz integral, 2 tazas de ensalada de pepino con zanahoria y lechuga y 1 taza de melón y té helado.

ENSALADA DE ESPINACAS CON FRUTAS

INGREDIETES:
Para 4 servicios

6 tazas de espinacas
1 ½ taza de zanahorias (bebé zanahoria) o cortar en tamaño de 2 pulgadas
1 ½ taza de manzana cortada en cuadritos de 1 ½ pulgada, puede substituir la manzana por 1 taza de mango maduro firme cortados en cuadritos
1 taza de fresas cortadas en rodajas, puede substituir las fresas por 1 taza de mandarina pelada en burritos.
4 cucharadas de ajonjolí
1 taza de nueces o almendras trituradas
1 taza de vinagreta francesa

PREPARACION:
En un recipiente ponga las espinacas, agregue las zanahorias, la manzana, las fresas y revuelva de forma que se mezcle parejo, agregue el ajonjolí y las nueces encima de la ensalada para que no se escurran hasta el fondo. Si prefiere agregar el ajonjolí y las nueces al servir en el plato de ensalada es opcional. Agregue la vinagreta a la ensalada o la agrega al servirse el plato de ensalada.

Tamaño de la porción: 2 tazas

Servir con pechuga de pollo, 1 taza de puré de papas, ½ taza de gelatina sin azúcar y té helado.

ENSALADA DE REPOLLO AL VAPOR (STEAMED CABAGGE SALAD)

Ensalada de repollo al vapor. (Steamed cabagge salad). Corte el repollo en cuadros medianos 2×2", cocinelos en agua hirviendo por 3 minutos, los retira de la cocina y los enjuada con agua fria para parar la cocción y le queden crujientes, corte en rodajas un tomate grande y ralle con rallador 1 zanahoria. Prepare su ensalada agregue un punto de sal, albahaca y vino de vinagre blanco o rojo o limon.

ENSALADA DE COL RIZADA CON MANZANA:

3 hojas de col rizada (kale), 1 remolacha pequeña medio cocida, 1 manzana, la mitad de un tomate en rebanadas y 2 cucharadas de salad dressing de su gusto.

ENSALADA DE LECHUGA CON FRESAS:

Simple ensalada de lechuga iceberg y 5 fresas cortadas por la mitad, 2 cucharadas de ranch salad dresing o del dresing que prefiera.

ENROLLADO (Wrap) DE VEGETALES Y ENSALADA DE MANGO

INGREDIENTES:
Para 4 servicios

Ingredientes para el enrollado:
1 pimentón rojo cortado en fajitas de 1 ½ pulgada de ancho
1 pimentón verde cortado en fajitas igual
1 libra de hongos cortados en rodaja
1 cebolla amarilla cortada en rodaja
pimienta y sal al gusto (preferible bajo de sal)
1/3 de taza de cilantro picado
2 cucharadas de jengibre picado
2 cucharadas de limón
2 cucharadas de aceite de olivo
1 libra de carne de bistec cortada en fajitas o tiras de 1 pulgada de ancho o carne para fajitas
4 tortillas medianas de harina
2 dientes de ajo bien picadito

Preparacion para la ensalada de mango:
En un recipiente combine 4 tazas de mangos cortados en cuadros de 2 pulgadas, ½ taza de fajitas de pimentón verde combinada con pimenton rojo, ½ chile jalapeño rojo cortado en tiritas, 4 cucharadas de

cilantro, 2 cucharaditas de jengibre picado, 2 cucharadas de jugo de limón. Mezclar todos los ingredientes y los prepara para servir con el enrollado o wrap.

Preparación de la carne:
En un sartén caliente ponga las dos cucharadas de aceite de oliva y sofría las fajitas de pimenton rojo y verde y las cebollas por 2 minutos, agregue los hongos cortados y sofría por 3 minutos más, agregue la pimienta, sal y el jugo de limón y sofría por 2 minutos.

Caliente la tortilla y en medio ponga 2 onzas de carne en fajitas a la plancha y encima le cubre con ½ taza de vegetales y los enrolla cuidando de doblar para adentro los extremos de la tortilla de harina. Para desayunar servir 1 enrollado con 1 taza de ensalada de mango previamente preparada.

PAVO HORNEADO

INGREDIENTES:
1 pavo grande preferible de los que no están congelados. Leer las instrucciones para hornear el pavo de acuerdo a la temperatura del horno y el tiempo de hornear.
3 hojas de laurel 1 vasito (4 onzas) de aceitunas
1/2 vasito de alcaparras pimienta y 2 ramitas de romero
6 dientes grandes de ajo picadito 1 bolsa transparente para hornear pavos
¼ de taza de aceite de olivo 1 raja de canela
1 manzana roja 4 cucharadas de mantequilla

PREPARACION:
1. Lavar el pavo y las pequeñas partes (corazón, hígado y pescuezo) con abundante agua. Ponga el pavo en un recipiente grande y adóbelo con todos los ingredientes (laurel, ajo, aceitunas, alcaparras, pimienta y romero al gusto y ¼ de taza de aceite de olivo y la mantequilla).

2. Poner el pavo adobado dentro de la bolsa transparente para hornear, le pone el hígado, corazón y pescuezo a un lado con 1 hojita de laurel, adentro del pavo coloque las aceitunas, alcaparras, ajo, 1 hojita de laurel, canela y la manzana cortada en 6 trozos, y encima de la pechuga ponga la otra hojita de laurel. Cierre bien la bolsa y ponga el pavo en la cazuela que lo va a hornear.

3. Hornear el pavo a la temperatura y tiempo que trae en las instrucciones. Media hora antes de que el pavo se termine de hornear lo saca del horno, corte la bolsa por en medio teniendo cuidado de no quemarse con el vapor y con un cucharon sacar el caldo claro que tiene adentro de la bolsa y lo pone en un recipiente separado.

4. Luego regresar el pavo al horno por media hora para que se termine de cocinar y obtenga ese color dorado por encima.

5. Retire el pavo del horno ya listo para ser servido. Acompáñelo con los otros platillos que ha preparado. El caldo que extrajo del pavo lo guarda en la refrigeradora y cuando este frio quite la grasa de encima. Con el caldo usted puede hacer el relleno, o puede guardarlo para cocinar lo que le sobre del pavo.

6. Con lo que le sobró de pavo, quite los huesos, desmenuze o guarde piezas enteras en raciones; las guarda en el refrigerador o en el congelador dependiendo por cuanto tiempo lo va a guardar. Con estas raciones que preparó podrá cocinar diferentes platillos: puede hacer sandwiches con lechuga y tomate, tacos preparando la carne con un poquito de caldo del pavo o hacer una desmenuzada de pavo.

Aproveche comer saludable con pavo y disfrute de los diferentes platillos que usted puede hacer.

LASAGNA DE BERENJENA

INGREDIENTES:
Para 4 servicios

1 cucharada de aceite de oliva
1 cebolla amarilla mediana cortada en rodajas
1 berenjena mediana cortada en rodajas
1 tomate grande cortado en rodajas
2 dientes de ajo bien picadito
1 taza de tomates en cuadritos en salsa enlatados (preferible que no sean enlatados)
1 ½ cucharadita de albahaca seca
1 ½ cucharadita de orégano seco
¼ de cucharadita de sal (opcional)
1 cucharadita de especie italiana
8 onzas de queso mozzarella bajo en grasa o descremado.

PREPARACION:
Pre-caliente el horno a 400°F

En una cazuela caliente el aceite de oliva y sofría la cebolla por 2 – 3 minutos, luego vierta la cebolla en un molde de hornear de 8X8

Sofría el ajo por 1 minuto, añada el tomate enlatado, la albahaca, la sal, el orégano y la especie italianacocine a fuego mediano por 10 minutos.

Cubra la cebolla en el molde con una mezcla fina del tomate preparado, cubra con una capa de berenjenas en rodajas, luego cubra una capa con el tomate en rodaja, agregue una capa de 1/3 del queso mozzarella sobre la capa de tomate.

Repita otra capa de berenjena, tomate y queso hasta que se terminen todos los ingredientes. Finalmente cubra todas las capas con queso mozzarella.

Cubra con papel de aluminio y hornear por 25 minutos o hasta que la capa de queso se derrita y obtenga color dorado.

Servir con 2 rebanadas de pan de trigo con ajo. 1 ½ taza de brócoli al vapor. Té helado

CONCHITAS CON SALSA DE CARNE

INGREDIENTES:
Para 4 servicios
1 libra de carne de pavo molida
1 libra de espaguetis de arroz
1 lata de tomate sauce, con ajo y orégano (4 onzas)
1 tomate grande cortado en trozos pequeños
1 cucharada de especie italiana
3 dientes de ajo bien picaditos
1 cucharada de aceite de olivo
¼ de cucharadita de sal

PREPARACION:
En una olla hervir los espaguetis por 6 a 8 minutos; o según las instrucciones en la bolsa.

En una cazuela cocine la carne molida con el aceite de olivo y el ajo hasta que este cocinado aproximadamente 10 minutos, revuelva para que no se le queme, a los 10 minutos agregar la especie italiana, y la sal, revuelva y cocine por 5 minutos, luego agregue el tomate cortado en cuadritos, las 4 onzas de salsa de tomate y 2 onzas de agua, revuelva y cocine por 5 minutos.

Servir los servicios individuales de espaguetis 4 onzas por servicio y ponga encima ½ taza de la salsa de carne cocinada, luego cubra con 1 onza de queso rallado parmesano.

Servir con 2 tazas de ensalada de lechuga, tomate, cebolla y pepino. Té helado

PASTEL DE CARNE:

INGREDIENTES:
Para 8 Servicios
2 libras de carne de pavo o de pollo molida
¾ de taza de leche 2%
2 rebanadas de pan bien tostado ó 1 taza de pan molido
1 huevo
6 onzas de tomato sauce con ajo y orégano
Pimiento negro al gusto

1/3 taza de cebolla en cuadritos
1 cucharadita de mostaza
1/3 taza de pimentón verde cortado en cuadritos pequeños
1/3 de taza de zanahoria rallada o cortada en cuadritos.
½ cucharadita de sal
3 dientes de ajo bien picadito

PREPARACION:
Pre-caliente el horno a 400° F

Mezcle en un recipiente la carne con todos los ingredientes, las dos rebanadas de pan espolvorearlas sobre la carne, revuelva y amasar todo.

Coloque la mezcla en un recipiente para hornear pan de 8X4 previamente engrasado, limpiando los bordes. Hornear la carne por 1 ¼ de hora,

Cuando tenga 1 hora de cocinado, revise y extraiga ½ taza de líquido remanente, luego en la parte superior barnice con 2 cucharadas de salsa de tomate y lo continúa horneando por 15 minutos.

Servir con 1 ½ taza de habichuelas verdes al vapor, 2 tazas de ensalada de lechuga con zanahoria, tomate y pepino. Té helado

TILAPIA AL VAPOR

INGREDIENTES:
Para 4 servicios
2 pescados medianos o 2 tilapias grandes
1 limón pelado y cortado en rebanadas pequeñas

3 tomates romos cortados en cuatro porciones largas cada uno (ovalados)
1 cebolla amarilla cortada en rodajas
10 fajitas de pimentón verde
1 cucharada de aceite de olivo
5 dientes de ajo bien picaditos
Pimienta negra y sal al gusto

PREPARACION

Pre-caliente el horno a 375° F o si lo va a cocinar en la cocina, prepare una cazuela con su tapa para cocinar a fuego medio bien tapado.

En un recipiente marine los pescados con aceite de olivo, ajo, pimienta y sal al gusto. Exprima 2 rebanada de limón sobre los filetes. Déjelo reposar por 30 minutos.

En una cazuela para hornear coloque los pescados, cubra por dentro y por fuera con la cebolla;, el pimentón verde, las rebanadas de limón y los tomates por dentro.. Si los va a cocinar en la cocina haga lo mismo en la cazuela.

Hornear por 25 a 30 minutos.

Servir con 1 taza de arroz integral, 2 tazas de ensalada de repollo con rábanos, tomate, y zanahoria, 1 mandarina. Té helado

VEGETALES Y TRIPLE CARNE EN SALSA TAREYAKI

INGREDIENTES
Para los vegetales:
2 Cucharadas de aceite de olivo o de aceite de maní
1 pimentón grande rojo cortado en fajitas
4 cebollines verdes con su tallo cortados en porciones de 2 pulgadas
1 cabeza de brócoli (aprox. 1 libra) cortados cada flor con su tallito
2 tazas de hongos cortados en 4 partes
1 taza de snow pea
1 taza de chilotes cortados en porciones de 2 pulgadas
1 cebolla amarilla cortada en cuadros de 2 pulgadas
1 lata de water chestnut (opcional)
4 cabezas de bokchoy (opcional)
2 tazas de zanahorias cortadas del tamaño de 2 pulgadas o bebé zanahoria (baby carrot)

Carnes:
2 pechugas de pollo cortadas en cuadros de 2 pulgadas
1 libra de camarones sin la cola
1 libra de posta de cerdo cortada en cuadros de 2 pulgadas

Para la salsa tareyaki:
4 onzas de salsa de soya baja en sal

1 cucharada de aceite de ajonjoli
1/4 taza de azúcar morena
1 ½ "raíz de jengibre bien picadito

Preparación: En un sartén a temperatura alta cocine la soya, el azúcar y el jengibre hasta que se disuelva el azúcar y se obtenga una salsa dorada y algo espesa que no sea caramelo.

PREPARACION:
En un sartén grande sofría la carne de pollo y cerdo, a los 10 minutos de freír agregue los camarones y 2 onzas de la salsa tareyaki hasta que se cocinen por otros 10 minutos, luego agregue los vegetales y sofría junto con las carnes por 5 minutos, termine de agregar la salsa tareyaki. Servir caliente

Servir con 1 taza de arroz integral, 1 fruta pequeña, té helado.

PASTEL DE ESPINACAS CON HUEVO

INGREDIENTES
1 libra de espinacas
2 cucharadas de mantequilla
½ taza de cebollines verdes finamente picados
3 diente de ajo bien picadito
3 huevos enteros más 3 claras de huevo
3 cuartos de taza de queso mozarela
½ taza de queso parmesano rallado puede substituir por queso seco
2 cucharadas de leche en polvo de soya
1 cucharadita de eneldo seco
Sal y pimienta al gusto.

PREPARACION
Precaliente el horno a 350° F. Engrase un molde de 2 cuartos para hornear el pastel.

En un sartén cocine el ajo y la cebolla con la mantequilla, agregue las espinacas y las sofríe por 2 minutos.

En un recipiente batir los huevos y las claras de los huevos por 8 minutos con una batidora manual eléctrica a alta velocidad hasta que estén espumosos y con doble volumen. Puede batir manual haciéndolo muy rápido. Cuando ya haya batido los huevos agregue los 3-4 de taza de queso y 1-3 de taza de queso parmesano rallado, la leche de soya, el eneldo, la pimienta y la mezcla de espinacas, Revuelva todo y lo vierte en el molde para hornear.

Espolvoree el resto del queso parmesano sobre el pastel y hornear por 30 minutos o hasta que vea que el pastel este dorado y crecido. Sirva inmediatamente.

Servir en el desayuno con 2 rebanadas de pan integral, 1 mandarina y 1 taza de té caliente.

PIZZA DE VEGETALES Y DE PEPERONI POR SEPARADO:

Para 2 pizzas de tamaño mediano

INGREDIENTES PARA EL PAN DE LA PIZZA.

2 paquetes pequeño de levadura instantanea

1 1/4 de cucharadita de azúcar

1 tazas de agua

1 ½ cucharadita de sal

3 cucharadas de aceite de oliva

1 cucharadita de oregano

5 tazas de harina para pan

INGREDIENTES PARA LA PASTA DE PIZZA

1 pasta de tomate de 4 onzas

2 cucharadas de aceite de olivo

1 cucharadita de azúcar

6 dientes de ajo bien picadito

1 tercio de taza de agua

2 cucharadas de especie italiana (ver página para elaborar especie italiana)

1 lata de tomates pelados de 1.75 libra

INGREDIENTES PARA LA PIZZA

3 tomates romos cortados en 4 partes ovalados cada uno

1 cebolla roja mediana cortada en rodajas

1 pimenton rojo grande cortado en fajitas

8 hongos o una lata de hongos cortados en rodaja

1 lata de aceitunas negras cortadas en rodajas

3 tazas de queso mozzarella rallado
2 cucharadas de aceite de olivos con sabor a hierbas italianas

PREPARACION
Para el pan de la pizza

En un recipiente agregue 2 tazas de la harina y mezcle bien con la sal, la levadura, el azúcar, el oregano y revuelva poco a poco agregando el resto de la harina hasta que lo haya mezclado todo; agregue el agua con el aceite y amasar hasta que forme una mezcla elástica sobre una superficie firme espolvoreando un poco de harina sobre la superficie de esta. Cuando la mezcla está preparada pase por encima un poquito de aceite y engrase un recipiente para poner a reposar la harina que ha amasado por 30 minutos. Cubra con un mantel hasta que crezca el doble. Después, corte la masa en dos partes para hacer 2 pizzas, agregar a la cazuela que va a hornear la pizza y la deja reposar por 10 minutos más hasta que le agregue los demás ingredientes. Pre caliente el horno a 425°

PREPARACION DE LA PASTA DE LA PIZZA.
En una cazuela a temperatura media sofría el ajo con las especies italianas y el aceite de olivo, agregue la pasta de tomate diluida con el agua y el azúcar, revolver hasta que hierva y este bien cocinada y se forme una pasta consistente pero no liquida. Separe del fuego y deje que se enfrie y lista para agregar al pan de la pizza.

PREPARACION DE LA PIZZA PARA HORNAR
Divida los ingredientes de la pizza en dos partes iguales para cada una de las pizzas. Agregar primero la pasta de la pizza sobre el pan de la pizza de manera uniforme, luego coloque los vegetales encima de la pasta, agregue el queso sobre los vegetales, finalmente las dos cucharadas de aceite de olivo aromatizado con hierbas italianas sobre pizza.

Hornear por 15 a 20 minutos o hasta que el pan de la pizza esta cocinado o ligeramente dorado.

Sirva 2 porciones de pizza de vegetales con 2 tazas de ensalada de lechuga y zanahoria rallada. Té helado.

SOPA DE VEGETALES

SOPA DE LENTEJAS CON VERDURAS:

PASTEL DE POLLO:

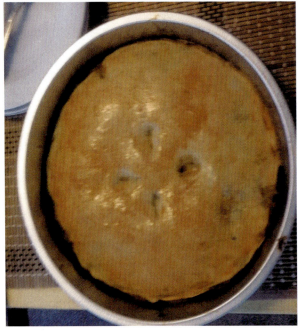

GREEN BEANS CON POLLO ASADO COMBINADO AL VAPOR:

CARNE DE CORDERO CON VERDURAS AL VAPOR:

POLLO CON VERDURAS AL VAPOR:

INGREDIENTES PARA CARNE MOLIDA CON VERDURAS:

SALMON AL VAPOR SERVIDO CON ARROZ AMARILLO Y ENSALADA:

PREPARACION DE PECHUGAS DE POLLO PARA HACER SANDWICH:

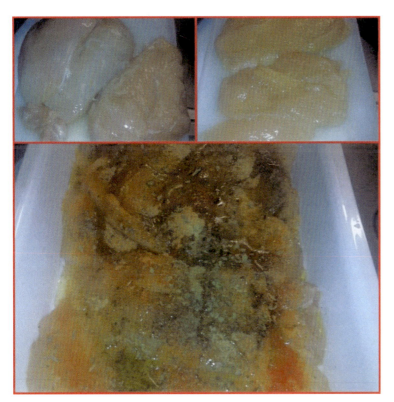

BIBLIOGRAFIA REVISADA

Resolución 61/225 - www.unitefordiabetes.org

Center for Disease Control and Prevention.Diabetes Program - www.cdc.gov-nccd.htm

American Diabetes Association.Diabetes and Cardiovascular - http://www.diabetes.org

American Diabetes Association Medical Management of Pregnancy complicated by Diabetes 3rd. Edition, pp. 74-75

American Heart Association.Heart Disease & Metabolic Syndrome - www.americanheart.org

The Nebraska Department of Health & Human Services - Diabetes & Cardiovascular Control Program http://www.hhs.state.ne.us/dpc/ndcp.htm

National Institute of Diabetes & Kidney Disease

National Insitute of Diabetes - Digestive & Kidney Disease.

Institute of Medicine of the National Academic - "Dietary Reference Intakes for Energy, Carbohydrates, Fiber, Fat, Fatty Acids, Cholesterol, Protein and Aminoacids http://www.books.nap.edu/books/html/index.html

Notas, conferencias y presentaciones de salud pública de Dra. Julia Escobar Ucles.

Notas, conferencias y practica en Artes Culinarias de Ingrid Kiesler.

Notas, conferencias y practica de Cultura y Medios de Comunicación de Lic. Luis Lautaro Ruiz Mendoza

La Biblia, versión Reina Valera 1960.

Educación en salud pública comunitaria a familias de las minorías del área trabajada por 12 años

Censo Nacional del año 2001

Informe Final del V Taller de Vigilancia y Control de la Diabetes en Centro América -CAMDI-el 29 – 30 de abril de 2004

Política Nacional de Salud 2004 -2015 MINSA. Ley General de Salud en correspondencia con el Plan Nacional de Desarrollo y las Metas del Milenio. Mayo 2004

Swift P. ISPAD Clinical Practices Consensus Guidelines 2006 – 2007 Pediatric Diabetes 2007:8: 103 – 109

Páginas web consultadas:

www.unitefordiabetes.org

www.org/pre-diabetes.

www.cdc.gov/nchs.

http://www.infocusoline.org/acanthosis.pdf

Printed in the United States
By Bookmasters